明治維新とジェンダー

変革期のジェンダー再構築と女性たち

長野ひろ子

明石書店

はじめに

二一世紀に入り、日本のジェンダー研究も多くの学問領域においてその歩みを着実なものにしてきている。ジェンダー史研究においても、二〇〇四年にはジェンダー史学会が創設され、二〇一一年には『ジェンダー史叢書』全八巻（明石書店刊）が完結した。日本のジェンダー史研究者は、学際的組織のもと一定の層をなして研究に従事することで、学界や社会に向け発信をはじめたのである。とはいえ、歴史学界等において、ジェンダー史やそれにもとづく歴史認識のあり方に無関心な研究者が少なくないことも事実である。

本書は、明治維新という日本の一大変革期にジェンダーが如何なる変容を遂げ、近代国家成立に向け再構築されていったのか、実証ならびに表象両面から重層的・構造的分析を行うものであり、二部七章からなる。

第一部第一章においては、日本における女性史・ジェンダー史研究を米国・英国との比較において検討し、その特質の解明をめざした。その際比較分析の主たる対象としたのは、女性解放運動・思想としての第二波フェミニズムと女性学・女性史との関連、学界ならびに社会への影響力の問題、「新しい女性史」の登場とその展開の特徴、ジェンダー概念導入に際しての女性史とジェンダー史の関係である。時系列も含め米英と比較することで、日本の女性史・ジェンダー史の独自の展開の様相が浮き彫りになると考えたからである。続く第二章では「明治維新とジェンダー」に限定した研究史の小括をしたうえで、本書の課題を設定した。厖大な研究史を有する明治維新研究ではあるが、女性やジェンダーを意識した研究がはじまったのは、一九八〇年代からである。漸く二一世紀に入り、「明治維新とジェンダー」研究は少しずつ活況を呈してきた感がある。ここでは、方法論も含めジェンダー分析の射程が拡がりをみせている現段階の諸成果を踏まえつつ、本書の課題設定を行った。

第二部は、第一章・第二章と第三章・第四章とに大別される。第五章では全体のまとめを行う。第一章・第二章は、日本近代国家の成立にあたり、ジェンダーはどのように変容し、再構築されていくのか、江戸の公的・政治的・権力的空間に存在した女性の「行方」と特質を実証的に明らかにすることが課題である。第一章は、再構築のありようを追究するために、奥向きに奉公していた女中に江戸期にはまったく交差することのなかった下女を対置し、明治維新以降の両者の接近と女中の地位低落というドラスティックな変貌ぶりを詳らかにするものである。第二章では、近世後期――幕末期の奥向き支出を分析したうえで、松平定信による寛政改革時の大奥対策と対比しつつ、幕末期の和宮降嫁等の財政支出がいかなる意味をもち、それが幕藩制国家システムの特質とどのようにかかわっていたのかを明らかにしていく。

第三章・第四章は、日本近代国家がジェンダーの再構築をはかる時、過去（歴史）のジェンダーはどのように再ジェンダー化されて理解されるのか、江戸の公的・政治的・権力的空間に存在した女性についてその語りと表象分析から解明していくことが課題である。第三章は、幕藩制成立期にあって、幕府大奥制度を固めるのに尽力し、権勢をふるった春日局が、明治前期に歌舞伎座という演劇空間でどのように語られることになったのか、なおかつそのことが近代国民国家におけるジェンダーの再構築とどのように関連していたのかを考察する。第四章では、第三章に引き続き、江戸時代に公的・政治的・権力的空間に存在した女性である絵島を取り上げた。絵島も、春日局と同じように明治前半期に劇場空間に突如姿を現した人物であるが、春日局と絵島とは同じ大奥の実力者とはいえ、既婚か未婚かという決定的な違いがあった。春日局が既婚者として妻であり母であったのに対し、絵島は生涯独身であった。大奥の女性としては、後者が一般的であり、未婚女性群としての大奥空間での実力者が、明治期にどのように再ジェンダー化されるのかという課題には、絵島のほうが分析対象としてふさわしい人物であったとも言える。本書では、両者を同時に俎上にあげることにより、日本近代国家が、母となった女性とそうでない女性との間に如何なる社会的・道徳的線引きや序列化を行っていたのかについても検証できると考えている。

以下、二部七章にわたって、明治維新におけるジェンダーの再構築について論じていきたい。

明治維新とジェンダー——変革期のジェンダー再構築と女性たち

●目次

第一部

日本のジェンダー史研究と本書の課題

第一章 日本のジェンダー史研究
――米英との比較において

本章では、欧米諸国とくに米英におけるジェンダー史研究の展開と日本の場合とを比較検討し、日本における女性史・ジェンダー史研究の日本的展開のありようを明らかにするものである。そこでは、人的継続性も含め女性解放運動・思想としての第二波フェミニズムと女性学・女性史との関連、それらの学界ならびに社会への影響力の問題、各国での「新しい女性史」の登場とその展開の特徴、ジェンダー概念導入に際しての女性史とジェンダー史の関係等々を分析の俎上にあげ、日本の第二波フェミニズム・女性学・女性史・ジェンダー史相互に織り成す関係は、時系列も含め米英とは大きく異なっていたことを検証していく。[1]

一　米英における女性史・ジェンダー史研究

1　アメリカにおける女性史・ジェンダー史研究

二〇一〇年に日本で発刊された『アメリカ・ジェンダー史研究入門』の序章[2]は「アメリカ女性史研究の展開――その興隆からジェンダー史へ」というタイトルが付せられている。そこでは、アメリカの女性史研究はこの「数十年歴史学界を席捲するほどの勢い[3]」であるとし、その上でアメリカ女性史研究は四つの段階を経過して発展してきたとの見方をしている。

第一段階は、「補完的歴史」としての女性史である。歴史のなかで無視されてきた女性の重要な業績を掘り起こし、男性の歴史家が作り上げてきた従来の歴史を「補完」したのであり、ここで登場したのは「卓越した」女性たちに限られた。第二段階は、「貢献の歴史」として、男性中心の社会に女性がどのように貢献したか、あるいは社会において女性がどう抑圧され、それにどう立ち向かったか、女性の権利、とくに参政権獲得への闘いの研究が中心であった。第三段階は、「女性社会史」である。これは、「新しい社会史」研究の出現に影響をうけ、普通の女性たちに焦点を合わせるとともに、「女性の領域」論を軸に展開した。ただし、ここでの「普通の女性たち」とは、白人中産階級の女性たちのことであった。第四段階がジェンダー史である。ここでは、ジョーン・スコット[4]のジェンダー概念が導入され、ジェンダーが歴史的・社会的文脈のなかで男性支配の権力が形成されること、性関係のみならず人種、階級による差異化も含めた差別全体が射程に収められた。また、女性の領域と同時に男性の領域とその内部の多様な集団も視野に入れられた。[5]

同書はまた、一九六〇年代後半から発展してきたアメリカ女性史は、発展の過程で二つの運動、あるいは思想的潮流から刺激を受けてきたとの見解を示している。すなわち、一つは一九六〇年代後半からの女性解放運動・思想としての第二波フェミニズム、他の一つがアメリカ史研究における社会史研究の興隆である。[6]

日本においてアメリカのジェンダー史研究を牽引している方々の以上のごとき見解を踏まえつつ、次にアメリカの女性史・ジェンダー史研究の特徴について私見を述べてみたい。

第一に、アメリカ女性史の場合、一九六〇年代後半からの女性解放運動・思想としての第二波フェミニズムのなかで急激な展開をみせたことであり、女性学とまったく同一歩調をとっていたことである。すなわち両者とも第二波フェミニズムの思想的営為として誕生し洪水のごとく溢れ出したのである。アメリカでは、女性史と女性学は、第二波フェミニズムを結節項として分かちがたく結びついていたことになる。実際に、女性学の研究誌として一九七四年に創刊された *Feminist Studies* の初期のころの論稿には、女性史関係のものが目立っている。翌一九七五年創刊の *Signs — Journal of Women in Culture and Society* からも似たような傾向をみてとることができる。[8]

第二に、アメリカでは、女性史も女性学も手を携え、大学という「学問の府」で自らの研究を深化・発展させ、それゆえ「学界を席捲するほどの勢い」[9]と影響力を発揮するようになったことである。第二波フェミニズムを思想的・実践的核とするアメリカ女性史は、当初はアカデミズムの周辺からの取り組みであったが、七〇年代には大学というアカデミズムを基盤に急速な発展を遂げたのである。一九九〇年代のアメリカでは、ほとんどの大学に女性学講座が開講され、なかには女性学学部や大学院が設置され、女性学での博士号も取得することができ、女性学研究センターでは、フェミニズム・女性問題・女性史研究・ジェンダー研究が盛んに行われていた[10]。

ここで、アメリカで三年ごとに開催されているバークシャ女性史会議の例をあげておこう。同会議は、一九三〇年春にニューイングランド州やニューヨーク州の女子大に勤務する約二〇人の女性歴史家が集合したことにはじまる（"The Little Berks"）。現在では、三年ごとに数千人の参加者を得て開催される有名な国際会議（"The Big Berks"）となったが、その画期となったのが、一九七三年ラトガース大学で開催された第一回の"The Big Berks"である。第一回の参加者は約三〇〇人、翌年の参加者は一〇〇〇人と急増、一九七八年から三年毎の開催となり一九九六年までには国内外から数千人が参加する大きな学会に成長を遂げた。筆者は、二〇〇二年（第一二回）、二〇〇五年（第一三回）、二〇〇八年（第一四回）に開催された同会議で研究報告を行ったが、事前に送付される案内書（予稿集）の冒頭には、必ずバークシャ女性史会議の沿革が数頁を割いて述べられている。もちろん、ホームページにも掲載されている。このバークシャ女性史会議の発展の経過とアメリカ女性史・ジェンダー史研究のたどってきた道はみごとに重なっている。

第三に、アメリカ女性史が、歴史学一般との関係では当時のいわゆる「新しい社会史」の影響を受けていたことである。反対に、アメリカ歴史学界においてはマルクス主義歴史学の影が薄かったことにより、アメリカ女性史にはマルクス主義歴史学からの影響はほとんどみられない。また、第二波フェミニズムのなかから生み出された思想は、ラディカル・フェミニズムとして理論化されていくが、その代表的論者であるケイト・ミレット[11]は、女性というカテゴリーへの「性支配」システムをパトリアーキーと定義した。これは、エンゲルスやウェーバーに代表される従来の家父長制概念への重大な異議申し立てであった。その後、ラディカル・フェミニズムは、その「本質主義」を批判されることになるが、マルクス主義フェミニズム、エコロジカル・フェミニズムなどの登場以後も第二波フェミニズムの根幹をなしていたことは今日でも否定できない。

第四に、コロンブスの「新大陸」発見以後の歴史がアメリカ史の大半を占めざるをえないという北アメリカ地域において展開された女性史であった点、ここからアメリカ女性史における先住民女性史の圧倒的不可視化状況が導き出される。ラディカル・フェミニズムも含め当初の女性史研究者は白人中産階級女性が大半を占めていたのであり、ネイティヴの女性たちの歴史は視野の外にあったも同然であった。また、このこととも関連するが、地域女性史への取り組みも乏しかったと言えよう。当初、アメリカ女性史では、人種・マイノリティ・奴隷・階級等の重要な分析視角は、後景に退いていたのである。

第五に、女性史とジェンダー史の関係は、女性史の新しい段階としてのジェンダー史という連続性において把握され理解されていた点である。先の『アメリカ・ジェンダー史研究入門』から引用すれば、アメリカ「女性史は発展の過程で、研究対象を『卓越した女性』から白人中産階級の一般女性に広げ、白人中産階級から他の人種・民族や労働者の女性へと広げ、さらに女性というカテゴリーを相対化し、男性、ゲイ、両性具有者なども含めたより多様な人間の集団を、相互の関係において捉える視点を導入し、より包括的なジェンダー史へと進化してきた」[12]とし、第一段階、第二段階の女性史研究も、第四段階の女性史研究であるジェンダー史の方法や視点を踏まえたうえで、第三段階の女性史研究とともに、現在も優れた業績を生み出し続けているとの見解を示している。さらに、「『女性史』も『ジェンダー史』も同じ内容を指す歴史なのであるが、あえて違いを言えば、『ジェンダー史』はより明示的に女性史研究の新しい段階を表わしている」と述べる[13]。ここでは、アメリカにおける女性史とジェンダー史の連続性・親和性、あえて言えば一体性が強調されている。

2　イギリスにおける女性史・ジェンダー史研究

次にイギリスにおける女性史・ジェンダー史研究の特徴をみていこう。

イギリスで女性学の研究誌 *Women's Studies International Forum* が創刊されたのは一九七八年である。いうまでもなく、一九六〇年代後半からの女性解放運動・思想としての第二波フェミニズムの影響を受けての発刊であった。同誌は広範な世界を範囲とし、多彩なテーマを取り上げる。同誌においいてジェンダーは一九八五年に登場してくる。ちなみに、一九七五年創刊のアメリカの *Signs* でも、ジェンダーの登場は八〇年代である。[14]

ジョーン・スコットが、アメリカで *Gender and the Politics of History*[15] を刊行し、従来の女性史を批判しつつ、ジェンダー概念の有効性を主張したのは一九八八年のことである。他方イギリスで、*Gender & History* が創刊されたのは一九八九年のことである。同誌の執筆陣はイギリスに限らず欧米全体にわたっている。創刊号の巻頭論文を飾ったのは、ドイツの著名なナチズム研究者ギゼラ・ボックであった。[16]

これだけをみると、状況はアメリカと大差ないように思えるが、実は、もう少し踏み込んでいくといささか異なった様相が現出してくる。

先に、欧米各国で立ち上がってきた「新しい女性史」が、アメリカでは満面開花状況となったことを指摘しておいた。では、イギリスではどうだったのだろうか。というよりは、欧米各国で立ち上がってきた「新しい女性史」には、各国それぞれの特徴がみられなかったであろうかという問いかけのほうが適切であろう。

女性による女性史研究が歴史学の補完物としての地位から脱却するには、第二波フェミニズムの台頭まで待たなければならなかったことは、イギリスにも当てはまっており、八〇年代になると「新しい女性史」が多くの成果を生み出した。ただしイギリスの場合、「新しい女性史」以前より女性労働史研究の豊富な研究蓄積があったことを見逃すわけにはいかない。七〇年代のイギリス女性史は、民衆史・労働運動史を中心とするヒストリー・ワークショップの影響を色濃く受けていた。そこでは、社会主義の影響が強く、労働者階級の女性たちに焦点が当たっていた。その後、運動史だけでなく、日常に焦点を当てた社会史が女性史の新たな課題となっていく[17]。ここに、「新しい女性史」とそれまでの女性史との連続性をうかがうことができないであろうか。

ところで、一九八五年メアリ・プライアの編になる *Women in English Society 1500-1800*[18] が出版された。序章「イギリス女性史研究の動向」を執筆しているのは、編者メアリ・プライアとともに刊行の中心メンバーであったジョオン・サースクである。サースクは、オックスフォード大学教授であり、経済史ならびに地域史研究者として名高い人物であった。彼女は、「一九八〇年代の女性史研究者が、新しい展望のもとに、当面対象とする時代を追求し、新しい観点から課題に近づくことによって、過去の女性たちの生活を照らし出そうと考えている」[19] とし、一九世紀からの女性史研究について論評し、とくに二人の女性史研究者を取り上げている。一人は、一九一九年に *Working Life of Women in the Seventeenth Century* を出版したアリス・クラーク[20]、他の一人は、一九三〇年に出版された *Women Workers and the Industrial Revolution, 1750-1850* の著者アイヴィ・ピンチペック[21]である。両書では、女性の経済生活への関心、産業革命と女性労働者の実態などが明らかにされた。これに対し、*Women In English Society 1500-1800* では、変化する諸状況にたいして女性はいかに順応してきたか、小グループのなかで女性を検討するという新しい方法をとるとサースクは述べている。これは、階級・国家などがはじめから組み込まれた「新しい女性史」であったとも言える。アメリカにおいてケイト・ミレットの著作をはじめとして、第二波フェミニズムの導火線ともいうべきラディカル・フェミニズムが「女」というカテゴリーのみに焦点を絞り、階級や人種・民族視点の欠如を批判されたことを考えれば、同じく「新しい女性史」と銘打ってはいたものの、労働史・民衆史を踏まえたイギリスのそれがアメリカとは大分内実を異にしていたことを指摘しなければなるまい。

では次に、イギリスにおける女性史とジェンダー史の関係はどのようなものであったのだろうか。実は、スコットらのジェンダー概念の導入にかかわって以下の注目すべき記述がある。

ジェンダー概念の女性史への導入は、一九七〇年代に起こった女性史の中心であった女性――個人として、あるいは集団として――に焦点をあてることを放棄するものであるかのように感じた女性史研究者たちをひどく落胆させた。女性が現実に経験している社会的差別是正への闘いは終わっていないのに、その女性たちが連帯できるアイデンティティをもちえないことや、フェミニズムさえも歴史的に構築されたものの一つだとするスコットたちのポスト構造主義理論は活動的なフェミニスト史家たちをとりわけ失望させた。また、運動論としてだけでなく研究へのアプローチという点からも、ライリーやスコットの主張は、歴史の実態を実証的に研究してきたイギリスの女性史研究者には受け入れがたいものがあった。[22]

実証主義を重んずるイギリスが、ジェンダー概念の導入に際して、ポスト構造主義・構築主義理論に批判的姿勢を示している点は興味深い。ジェンダー史も「新しい女性史」と同じく英米では異なった傾向をみせていた。

大学という「学問の府」のみで研究を深化・発展させたのかどうかという点ではどうであろうか。また、アメリカのように「学界を席捲するほどの勢い」があったのかどうかも検討するに値しよう。まず、前者に関しては、ヒストリー・ワークショップに集結した研究者は、大学を拠点にした研究者のみで構成されていたわけではない。また、女性史研究者の場合、ストレートに研究者の道を歩み得たとは限らない[23]。地域女性史も盛んなイギリスでは、その担い手は多くが在野の女性研究者たちであったろう。後者に関しても筆者は否定的な見方をとる。確かに、九〇年前後には、ロンドン大学、ランカスター大学、エセックス大学などジェンダー史研究の盛んな大学はいくつか存在していたが、女性学研究センターや女性学講座の開設等において、到底アメリカの比ではなく[24]、「学界を席捲するほどの勢い」とは言い難い状況にあったと考える[25]。

3　米英の女性史・ジェンダー史研究の共通点と相違点

以上、欧米、とくに米英について女性史と女性学の関係、女性史とジェンダー史の関係、第二波フェミニズム以前の歴史学、女性史、フェミニズムの特徴を概観した。そこにおいて米英に最も共通する点は、第二波フェミニズムの社会的影響力の大きさであり、その思想的営為としての女性学・女性史そして八〇年代からのジェンダー概念の導入であったと考えてよいであろう。

「新しい女性史」の登場も共通しているが、その中味をみると異なる様相が浮かび上がってきた。産業革命を最初に成し遂げた国として、社会思想・運動史、経済史、地域史等の厖大な蓄積が、イギリスでの「新しい女性史」を重層的に特質づけていたのである。ラディカル・フェミニズムでは欠如し、そのことが多くの批判に晒されることになったアメリカに対し、イギリスでは、階級的視点や社会経済史、地域史などの研究は、「新しい女性史」に持ち込まれ、生かされることになった。

学的空間をみても米英には差があった。アメリカが、大学という「学問の府」で自らの研究を深化・発展させ、「学界を席捲するほどの勢い」を示していたのに対し、イギリスは大学以外の在野の人材も包含していた。地域史の盛んなイギリスにおいて地域女性史は「新しい女性史」に沿って発展していった。コロンブスの「新大陸発見」で歴史を「分断」されたアメリカでは成しえなかったことである。逆にまた、そのことがイギリスにおいて女性学や女性史が「学界を席捲するほどの勢い」を示さなかった要因でもあったのではなかろうか。

女性史とジェンダー史の関係でも、米英はかなり異なった経過をたどっている。アメリカでは、女性史の新しい段階としてのジェンダー史という連続性において把握される。女性史研究者が自らをすんなりとジェンダー史研究者として自認するのが一般的になり、そこに軋轢らしきものはほとんど生じなかった。

これに対してイギリスは、既述のように、当初、「新しい女性史」を推進してきた女性史研究者ほど拒否反応を示したというのである。ただ、一九八九年の *Gender & History* の創刊頃には、ジェンダー史は受け入れられ、他のヨーロッパ諸国とも連携をとりつつイギリスは熱気を帯びはじめる。ただし、そこには、ポスト構造主義への否定的態度が示されてはいたのだが……。

このように、欧米諸国のなかでも「新しい女性史」やジェンダー概念の導入に熱心であった米英においてさえ、必ずしも同じ道を歩いてきたわけではなかった。おそらく、アナール派歴史学の色濃いフランス[26]、実証主義のドイツ[27]などもそれぞれの独自性をもった「新しい女性史」でありジェンダー概念の導入であったろう。とすれば、我が国において、欧米諸国とは違った女性史・ジェンダー史の展開の道筋をとるのは別に不思議でもなんでもないことになる。では、女性史・ジェンダー史の日本的展開とは如何なるものであったのか、次節で考察していこう。

二　日本の女性史研究とジェンダー史研究

1　日本のフェミニズムと女性学

ここからは、日本での女性学・女性史・ジェンダー研究・ジェンダー史の展開とその相互関連ならびにその前提をなす諸要素について時系列的検討を行っていきたい[28]。とくに、既述の米英と比較する意味で、女性史と女性学の関係、女性史とジェンダー史の関係、また第二波フェミニズム以前の女性史、フェミニズムについても言及しておく。

日本での女性学の立ち上げは一九七〇年代のことであり、一九八〇年前後にはいくつかの女性学関連学会が創立される[29]。それは、欧米、とくにアメリカのフェミニズムと女性学の動きに共鳴し、アメリカ留学を経験した社会学者たちを中心に推進された。

一九九四年に編集されたアンソロジー『日本のフェミニズム』（全七冊・別冊一）の編者（井上輝子・上野千鶴子・江原由美子・天野正子）連名での「編集にあたって」は、「一九七〇年のリブの誕生から約四半世紀を経過し、日本の第二波フェミニズムも、漸くその歴史的展開を回顧し、次の時代を展望する新たな時期を迎えました」という文章ではじまる[30]。この編者らは、いずれも女性学（後にジェンダー研究）の旗手として以後アカデミズムで論陣を張った著名な社会学者である。

ここから、日本でもリブの誕生十年後に女性学が創設されていることがわかる。しかしながら、アメリカが一九六〇年代後半からの女性解放運動・思想としての第二波フェミニズムの帰結として女性学・女性史を誕生させたのに対し、日本ではそのような道筋をたどらなかったこともまた重要な事実である。すなわち、日本の女性学は、直接的にはアメリカ女性学の多大な影響のもとに社会学というアカデミズムとその周辺から立ち上ったのである。したがって、日本のウーマンリブの中心メンバーは、日本の女性学の立ち上げにはまったくと言ってよいほど関与していない。既述の「一九七〇年のリブの誕生から約四半世紀を経過し」という文章は、水源を探るという意味では間違っていないが、アメリカとは異なりその中心メンバーは、女性学の誕生時にはすでに「過去の人」となっていた。すなわち、中心人物の一人田中美津[31]（「ぐるーぷ・闘うおんな」）は、七五年には日本からいったん姿を消し数年間の「メキシコ放浪生活」を経て鍼灸士の道を歩んでいた。また、世間的に脚光を浴びた榎美沙子[32]（「中ピ連」）は、今に至るまで消息不明とされる。『新しい女性の創造』の著者ベティ・フリーダンが全米女性機構という大組織のトップになり、ケイト・ミレットの博士学位論文が一大反響を呼び起こしたアメリカと比較した時、田中美津、榎美沙子の「その後」はまさしく象徴的である。日本の場合、多くのアメリカ女性（白人中産階級を中心とした）に影響を与えた第二波フェミニズム、その学問的達成・具現化としての女性学・女性史の隆盛状況というアメリカ的構図の再現ではなかった。日本の女性学は、ウーマンリブを底流としつつも、女性社会学者を中心に欧米女性学を「理論的武器」に据えることではじめて日本の女性学を誕生させていくのである。この意味において、欧米女性学の果たした役割は甚大であった。

ところで、欧米では手を携えて発展した女性学・女性史であるが、次に述べるように日本の場合大きく様相を異にしていた。

2　日本女性史の研究動向

ウーマンリブが、世間の脚光を浴び揶揄されていた時期、日本の女性史研究、とくに日本女性史はそれなりの高揚を示していた。

日本の女性史研究の歴史は長い。高群逸枝『母系制の研究』[33]が出版されたのは一九三八年のことである。ただし、高群は在野の歴史家であり、その著は当時のアカデミズムからは見向きもされなかった。しかし、第二次世界大戦の敗北によって民主化への一歩を踏み出し、女性もはじめて参政権を獲得した一九四〇年代後半には、日本女性史への関心も高まり、相次いで何冊もの女性史の本が出版された。なかでも、井上清『日本女性史』[34]が多くの女性たちに読み継がれるロングセラーとなったのは周知のことに属する。

研究史的には、その後一九七〇年代までの女性史には、大別すると二つの研究潮流のあったことが指摘されている[35]。一つは、マルクス主義歴史学にもとづく解放史的女性史であり、他の一つは、日常の暮らしを重視する生活史的女性史である。前者に関しては、欧米諸国に比べ、戦後日本のアカデミズムにおいてマルクス主義歴史学が一大勢力を保持するようになったことがその背景にあった。他の一つ、日常の暮らしを重視する生活史的女性史は、マルクス主義歴史学の解放史的女性史を批判する立場であった。その一人、村上信彦[36]は、女性解放史は、女性史の一部にすぎず、闘争に参加した個人や組織が浮きぼりにされるものの、圧倒的多数の無名の女性たちの日常や彼女たちのエネルギーを詳らかにすることを欠落させていたと批判した。

一九七〇年代の女性史研究は、この女性史研究の二潮流に加え、社会思想史の分野から、水田珠枝が、「階級差別」とは次元の違うもう一つの差別としての「性差別」による近代社会の女性への二重の抑圧を主張した[37]。戦後歴史学というものが、マルクス主義歴史学と実証主義歴史学とのある種の均衡によって成り立ってきたとするならば、女性解放史的女性史と生活史的女性史は、戦後歴史学の特徴と類似していた。むしろ、水田珠枝の説が、欧米での新しい動きに対応していたと考えられる。ただし、水田は著名な社会思想家ではあったが、日本女性史を専攻していたわけではなく、女性史研究者への影響は限定的であった。いずれにしろ、七〇年代日本の女性解放史的女性史と生活史的女性史は、ウーマンリブとは距離をおきながらそれなりの力を蓄えつつあったことが理解できよう[38]。

当時の女性史研究の一大拠点であったのが、歴史科学協議会の学会誌『歴史評論』である。『歴史評論』は、一九七二年から毎年、女性史特集を組むようになった。歴史科学協議会は、歴史学界ではマルクス主義歴史学の中心的学会と目されている。さまざまな歴史系学会のなかで、女性史に最も関心を示し、日本女性史の発展に寄与したのが歴史科学協議会の学会誌『歴史評論』であったことは、日本の女性史研究を考える時決して看過できない特質である[39]。

さらにその裾野には、地方の女性史を学ぶ女性たちもおり、草の根からの地域女性史も熱気を帯びはじめていた。一九七七年には、地域女性史の結集ともいうべき第一回「全国女性史研究交流のつどい」が開催された[40]。約一六〇名程の参加を得たこの「つどい」の中心となったのは、愛知女性史研究会という地域女性史のグループであった。会員数は数十名、メンバーは、会社員、教師、公務員、専業主婦、学生などで、研究会は会員の個人宅で行うというこぢんまりとした研究会だったという。この「つどい」の開催の背後には、日本の各地でささやかながら活動をはじめていた多くの地域女性史のグループが存在していた。それは、ウーマンリブとは違って、世間の耳目を集めることはなかったが、戦後歴史学と同調性をもつ女性解放史的女性史と生活史的女性史、それぞれをグループの学びに適宜取り入れながら着実に歩を進めていたのである。[41]

ところで、この時期までの日本女性史は圧倒的に在野の学問として展開していた。長い間アカデミズムとは居場所を共有しなかった日本女性史研究に一石を投じたのが、日本中世史家脇田晴子であった。脇田らは、文部省科学研究費を駆使しての数年間にわたる大がかりな共同研究によって、一九八二年『日本女性史』全五巻[42]の刊行という大きな成果をあげた。このシリーズの執筆陣は、在野の研究者として日本女性史研究を牽引してきた女性研究者に加え、アカデミズムでポストを得ていた他分野専攻の女性歴史家、そしてアカデミズムの中枢にいた男性歴史家という異なる三種のメンバーで構成されており、このことが、日本女性史のアカデミズム進出の契機となり、日本女性史の評価を高めることに結びついた。ただし、このシリーズに対し、鹿野政直の「冷たい科学」「痛覚の欠如」などの批判が出されたことはよく知られている。[43]

では、このシリーズは、欧米で隆盛を極めたいわゆる「新しい女性史」の影響のもとに企画されたのであろうか。おそらく、執筆陣のなかで、欧米の「新しい女性史」を明確に意識し、それに呼応しようという意志をもって加わった者は少数であったろう。『日本女性史』刊行の最大の意図は、それまで孤立しがちであった女性史を歴史学のなかに位置づけ、女性史そのものの発展を図るとともに、歴史学を充実することにあった。執筆者の陣容はそのことを裏付ける。各時代における女性の地位、性別役割分担などを、その社会構造との関連において考察しようとしたこのシリーズは、内容的にも方法論からいっても欧米の「新しい女性史」に決して勝るとも劣らない水準にあり、重なる部分も多かったが、それはむしろ、それまでの日本女性史研究の蓄積を受け継ぎつつ到達した地平というべきである。[44]

3　ジェンダー概念の登場と日本女性史研究

多くの日本女性史研究者がジェンダー概念に関心を示しはじめるのは九〇年代後半以降のことである。[45]その大きなきっかけとなった著作が、脇田・ハンレー編になる『ジェンダーの日本史』上下巻ならびに社会学者上野千鶴子の論文「歴史学とフェミニズム――「女性史」を超えて[47]」であった。[46]まず『ジェンダーの日本史』は、上下巻合わせて四二名にのぼる国内外の研究者によって執筆された大部の研究書であった。刊行の翌年、筆者はある学術雑誌の依頼により同書の書評を行った。長くなり恐縮だが、以下にその一部を引用する。

一九九五年夏カナダのモントリオールで開催された国際歴史学会議第一八回大会において、ジェンダーは大テーマの一つに掲げられたが、我が国の大多数の日本史研究者にとってはなじみの薄い言葉である。もともとは文法上の用語にすぎなかったジェンダーを社会科学上のキー概念として導入したのは、一九六〇年代後半欧米の女性解放運動の理論家たちで、その後欧米の社会科学ではジェンダー概念が急速に普及・定着した。我が国へも一定のタイム・ラグをおいて上陸したのだが、その際素早く反応したのは社会学・文化人類学を中心とする少数の女性研究者たちに限られていた。したがって、我が国の日本史研究者はジェンダー概念の導入という点でいえば欧米の日本史研究者や日本の隣接諸科学の研究者に比べ遅れをとっていたのである。本書は、長年にわたる国際的かつ学際的共同研究の一大成果であるが、ジェンダー研究をめぐるかかる現状を念頭におくならば、本書に備わった国際性・学際性という特徴がいかに貴重でかつ高く評価されるべきものであるか納得いただけよう。本書の「凄さ」の一つはここにある。

本書はまた、日本女性史をその重要な研究史的前提として成立した。本書の編者の一人である脇田晴子氏は、『日本女性史』全五巻（東京大学出版会、一九八二）、『日本女性生活史』全五巻（東京大学出版会、一九九〇）、『母性を問う』上下巻（人文書院、一九八五）などの刊行をはじめとして、ここ数十年日本の女性史研究をリードされてこられたが、それらに関し本書序言において「近代科学のなかで忘れられていた女性の存在を、歴史的・社会的・文化的に明らかにしようとして、それなりの成果を得た」と総括されつつ、「男性主導の社会においては研究の観点も男性中心になりやすく、一方、女性史も孤立して進展する状況にあった」とその限界も指摘されている。それ故「そこに各時代のなかの男女両性のありかたに視点をあてようとする意図が生まれた」…以下略…[48]

脇田は、「男性主導の社会においては研究の観点も男性中心になりやすく、一方、女性史も孤立して進展する状況にあった[49]」とその限界を指摘し、それ故「そこに各時代のなかの男女両性のありかたに視点をあてようとする意図が生まれた[50]」とした。すなわち、八〇年代の日本女性史をその研究史的前提としたうえで、国際的・学際的共同研究を実施し、その際のキー概念としてジェンダーを導入した。また、脇田は、「あえて、ジェンダーという言葉を表題としたのは、文化的・社会的に作られる性差という意味でのジェンダーからの視点によって、今までの日本史を書き換える一助にしたいという『こころざし』にほかならない[51]」と述べている。脇田は、国際的・学際的共同研究を実施するなかで、欧米の「新しい女性史」に接し、交流を深めるなかでジェンダー概念に出会ったのである。ただし、一言付け加えるならば、同書でのジェンダー概念の理解は、各執筆者によって多様な解釈があったように思われる。

他方、上野の場合は、戦後の日本女性史を総括・批判しつつ、「女性史からジェンダー史へ」の移行による「歴史学のジェンダー化」を主張した。それでは、この「歴史学のジェンダー化」は誰に向かって発せられたのか。「歴史学のジェンダー化」が、ジェンダー概念の導入による歴史学自体の見直し（書き変え）を意味するとすれば、「どんな領域も、ジェンダーだけで解くことはできないが、ジェンダー抜きに論じることはできなくなった[52]」という上野の主張とイコールで結ばれる。ジェンダー研究に携わる者で、このことに反対する者はまずいない。しかし、これはある種「究極の目標」的なところがありはしまいか。案の定、メイン・ストリームのその後の動きは極めて鈍く、依然として

「ジェンダー概念どこ吹く風」がマジョリティであり続けていた。

少なくとも日本では、「女性史からジェンダー史へ」の移行と「歴史学のジェンダー化」とはイコールではない。おそらく上野は、一九六〇年代からのアメリカ社会におけるジェンダー状況、そのなかで広範に広がった女性解放運動、その思想的・学問的営為としての女性学・女性史の隆盛、結果として女性史・女性学の「学界を席捲するほどの勢い」、そのベクトル上において、女性史の新しい段階としてのジェンダー史への連続的移行を主張したのである。しかし、日本のフェミニズム・女性学・女性史・ジェンダー史相互に織り成す諸関係は、行論《こうろん》で述べ来たったごとくアメリカとは遠く隔たっていたのである。

4　ジェンダー史研究の展開とジェンダー史学会の創設

さすがに二一世紀に入ると、女性史研究者はもちろん、歴史学界でも、ジェンダー概念やジェンダー史を無視することはできなくなった。日本を代表する歴史系学会の一つである歴史学研究会では、すでに一九九七年に会誌『歴史学研究』七〇四号に特集「王権とジェンダー」を組み、二〇〇二年には、『歴史学研究』七六四・七六五号でジェンダー視点による「性と権力関係の歴史」を連続で特集した。後者は、歴史学研究会編『性と権力関係の歴史』（青木書店、二〇〇四年）として刊行された。また、同会編になる『現代歴史学の成果と課題一九八〇〜二〇〇〇－Ⅰ・歴史における方法的転回』

（青木書店、二〇〇二年）でも大テーマ「家族・ジェンダー・女性」として取り上げられている。しかしながら、ジェンダーやジェンダー史に「違和感」をもつ女性史研究者が、日本前近代を中心として存在するのも確かであり、歴史学界全体としてみれば、「ジェンダー概念どこ吹く風」という歴史家が大半を占めている状況に変化は生じなかった。

それに加えてこの時期の日本は、社会や政治からのジェンダー・バッシングがはじまっていた。一九九九年に制定された男女共同参画社会基本法の中間見直しという時期に乗じ、一部のメディアや政党等が、偏狭な道徳論を展開するかたちで、男女共同参画社会の実現に異議をとなえるのみならず、ジェンダー概念やジェンダー研究にも攻撃を加えるという憂慮すべき状況が出来していたのである。

日本にジェンダー史学会が創設された二〇〇四年はちょうどこのような時期にあたっていた[53]。翌二〇〇五年刊行された学会誌『ジェンダー史学』創刊号の「創刊の辞[54]」において、筆者は、「ジェンダー史学会の目的は、人類の歴史にかかわる諸学問領域をジェンダーの視点から研究し、その普及をはかることである」とし、かつ「学際的研究団体としての私たちは、歴史・文学・言語・教育・宗教・思想・美術・音楽・演劇・経済・社会・民俗・政治・法・科学等々の諸分野を含み、学際的双方向性において歴史におけるジェンダーの包括的研究を行うことをめざしている」と記した。ここでは、女性史からジェンダー史への移行という文言はなく、むしろ、女性史はもちろんのこと一般歴史学をも相対化するスタンスをとった。したがって、女性史の明示はないが、実際には多くの女性史研究者が入会した。また、多様なディシプリンをもつ研究者が横に繋がり、時に越境しつつ、めざすべき方向へ進んでいくかたちがとられた。ジェンダー史学会のこれまでの展開をみる限り、今日まで学会としてかかる方向性に大きな「ぶれ」は生じていない。

ジェンダー史学会のみならず今後の日本におけるジェンダー史研究は、歴史学という枠を超え、学際性・国際性を兼ね備えつつ学術の再構築をめざす方向で展開していくと予想される[55]。

5　日本のジェンダー史研究の課題と方法

本章では、欧米諸国とくに米英における女性史・ジェンダー史の展開と我が国の場合とを比較検討し、日本の女性史・ジェンダー史研究の特質すなわち女性史・ジェンダー史の日本的展開のありようを明らかにしてきた。今後、日本ジェンダー史研究者には、ジェンダー史の方法論・領域さらには叙述にいたるまで、深化・発展させていく努力が求められること、いうまでもない。ここでは、現段階においてとくに喫緊の課題と考えられるジェンダー史のトピックや方法について私見を提示しておきたい[56]。

第一に、政治、あるいは公領域におけるジェンダーの変容過程とその特質の解明である。日本の歴史のなかで女性たちが公領域や政治の世界で権力を行使するなどして活躍していた時期は長い。従来の歴史学では、女性たちの居場所は私領域であることが自明とされ、公的・政治的領域に存在するのは、例外的・偶然的として片づけられるか、時には不在とみなされてきた。公領域や政治の世界に女性主体を構造的に位置づけ、その歴史的意味を明らかにしていくことが求められる。

第二に、家父長制成立以後、前近代のみならず近現代にいたるまで家父長制は存在しそれぞれの段階に応じた物質的基盤をもつとのフェミニズムの見解を踏まえ、各時期のジェンダーの特徴を明確化していくことである。とくに、前近代社会の家は、生産・所有の機能をもつ経営体として社会組織の基礎を形成しており、家経営体における富（資源）と権力（権威）の配分をめぐるジェンダーの特質を具体的に明らかにすることは必須であり、同時に近代社会において、中産階級や労働者階級その他の世帯におけるジェンダー秩序の具体相を詳らかにすることも重要な課題となろう。

第三に、セクシュアリティや生殖に関し、歴史学の必須の学術的課題としてその多様な姿を明らかにすることである。これまで、セクシュアリティや生殖は、身体にかかわる自然の営みとみなされ、歴史学の枠外におかれることが通例であった。しかしながら、セクシュアリティや生殖は、いずれの地域いずれの時代においても国家や社会において管理され規範化され、そこに「性や生殖のポリティクス」が機能していたことは疑問の余地がない。したがって、その解明は極めて重要であるが、従来の歴史学ではほぼ不可視の状態にあったとみてよい。しかもわずかに可視化された場合でも、それは特殊化され極小化され周縁化された。性の商品化や性的マイノリティ、あるいは中絶の是非などが政治・社会問題として大きく報じられるグローバル化された現代社会にあって、日本でも政治的・社会的・文化的文脈においてセクシュアリティや生殖の歴史的変容のありようを解き明かしていくことが求められている。

第四に、マスキュリニティあるいは男性史研究の促進である。これまでの歴史学では、男性＝人間であり、男性が普遍性を体現する一方で、女性は他者として特殊化されてきた。マスキュリニティあるいは男性史研究の登場によって、これまで普遍性を体現していた男性を、ジェンダーに規定された「男性」として再定義することで、その行動や経験における特殊性や社会的構築のあり方を問うことが可能になった。しかし、日本におけるマスキュリニティ・男性史研究は欧米等に比しまだ緒に就いたばかりと言ってよく、今後の進展が待たれる。

第五に、地政学的かつグローバル的視点から差異化され変容する日本のジェンダーを明らかにしていくことである。蝦夷地（北海道）や琉球（沖縄）を引き合いに出すまでもなく、日本という国家領域は固定・確定された空間ではなく歴史的変遷を遂げながら今日に至ったものである。揺れ動く国境線（面）という空間的特質を帯びつつ、前近代においては、東アジアの国際情勢に規定された日本のジェンダー秩序の構築がなされ、近代には、帝国主義日本の植民地主義や欧米のオリエンタリズムが加わりジェンダー秩序にも大きな影響を与えることになった。交差し絡み合う空間的構図を精緻かつ正確に描くことが肝要である。

第六に、表象・表現そしてメディアに関するジェンダー分析が挙げられる。文学・美術・写真・新聞・放送・映画・広告・アニメーション等々、これまでの言説・視覚文化は男性中心に構築・再生産されてきた。作品の創作・表現・鑑賞・評価を通じて男性の視線が圧倒的優位にあり、ジェンダーの非対称性が厳然と存在してきたと言えるだろう。それらを生み出す社会システムも含めた歴史的考察が必要である。

第七に、災害・紛争・戦争についてジェンダーの視点から切り込んでいくことである。二〇一一年三月一一日に起こった東日本大震災が単なる自然災害ではなく、多くの人為的要素を含んでいたことは周知の事実である。日本の諸地域で歴史上生起した災害や紛争そして対外戦争にかかわるジェンダー分析は喫緊の課題である。

以上提示した諸点をはじめ、日本の各時代のジェンダーのありよう、変化とその要因（因果関係）を多様な切り口から構造的・包括的に把握することで、日本のジェンダー史研究は新たなステージに立つことが可能となるであろう。

註

1　日本史分野を専攻する筆者にとって、米英史はもとより不案内である。そのためここでは、米英史の専門家諸氏の業績に学んでの比較検討であることをお断りしておきたい。

2　有賀夏紀・小檜山ルイ編、青木書店、一—一二頁。

3　同前、二頁。
4　Scott, J. W. (1988), *Gender and the Politics of History*, Columbia University Press, New York（荻野美穂訳『ジェンダーと歴史学』平凡社、一九九二年）参照。
5　有賀・小檜山前掲書、二一九頁。
6　同前、二―三頁。
7　このさきがけとなったのが、邦訳では『新しい女性の創造』として知られるベティ・フリーダンの *The Feminine Mystique* である。彼女は、ここで白人中産階級の妻たちの夫と子どものために家庭という「収容所」に押し込められていることの葛藤、女らしさという規範による抑圧を訴えた。Friedan, Betty (1963), *The Feminine Mystique*（三浦冨美子訳『新しい女性の創造』大和書房、一九七〇年）参照。翌年、彼女は全米女性機構を創設した。全米女性機構は、一〇年後の七四年には一〇〇支部四万人が会員となり、二五年後の九九年には二五万人の会員を擁する女性解放運動のなかで最大の組織となった。これについては、渡辺和子「第二波フェミニズム運動の軌跡と理論」（渡辺和子編『アメリカ研究とジェンダー』世界思想社、一九九七年）、二三―二七頁に詳しい。
8　舘かおる「女性学とジェンダー」（『お茶の水女子大学女性文化研究センター年報』九・一〇号、一九九六年）九五―九六頁。後、舘かおる『女性学・ジェンダー研究の創成と展開』（世織書房、二〇一四年）所収。
9　註3に同じ。
10　舘かおる「日本及び諸外国における大学等の女性学研究施設」（『お茶の水女子大学女性文化研究センター年報』八号、一九九四年）一七三―一八一頁、松井真知子「女性学が変えるアメリカ――多文化主義の視点から」（渡辺前掲書）四七―六四頁。
11　Millet, Kate (1970), *Sexual Politics*, Doubleday & Company Inc, New York（藤枝澪子ほか訳『性の政治学』ドメス

出版、一九八五年）参照。ここでは、男性による女性支配を家父長制概念で捉え、階級支配に優先させた。

12 有賀・小檜山前掲書、一〇頁。

13 同前。

14 舘かおる「女性学とジェンダー」（『お茶の水女子大学女性文化研究センター年報』九・一〇号、一九九六年）九五―九八頁。

15 註4に同じ。

16 Bock, Gisela (1989),"Women's History and Gender History: Aspect of an International Debate", *Gender & History*, Vol.1-1.

17 酒井順子「女性史からジェンダー史へ――方法論と史料の多様化」（河村貞枝・今井けい編『イギリス近現代女性史入門』青木書店、二〇〇六年）三一五―三一七頁。

18 Prior, Mary (ed.) (1985), *Women In English Society 1500-1800*, Methuen & Co.（三好洋子訳『結婚・受胎・労働―イギリス女性史一五〇〇～一八〇〇』刀水書房、一九八九年）。

19 三好前掲書四頁。

20 Clark, Alice［1919］(1982), *Working Life of Women in the Seventeenth Century*, new edn, London.

21 Pinchbeck, Ivy (1930), *Women Workers and the Industrial Revolution*, 1750-1850,London.

22 酒井順子「女性史からジェンダー史へ―方法論と史料の多様化」（河村貞枝・今井けい編『イギリス近現代女性史入門』、青木書店、二〇〇六年）三一八―三一九頁。

23 たとえば、註18の編者メアリ・プライアや執筆者の一人ドロシー・マクレランの場合、研究を志したのは主婦業・母親業を「卒業」してからである。

24 舘かおる「日本及び諸外国における大学等の女性学研究施設」（『お茶の水女子大学女性文化研究センター年報』

八号、一九九四年）一七三―一八一頁。

25 筆者は一九九〇年三月から九二年三月までロンドン大学で在外研究に従事していた。筆者の個人的体験からいっても、少なくともロンドンにおいて「学界を席捲するほどの勢い」があったとは感じられなかった。長野ひろ子「イギリスの女性たちは今」（『総合女性史研究』一〇号、一九九三年）六二―七一頁。

26 この時期、長谷川博子は、アナール派社会史の論文を発表し注目を集めた。長谷川博子「女・男・子供の関係史にむけて――女性史研究の発展的解消」（『思想』七一九、一九八四年）参照。

27 ドイツにおけるジェンダー史、とくに近現代ジェンダー史研究については川越修・姫岡とし子編『ドイツ近現代ジェンダー史入門』（青木書店、二〇〇九年）参照。

28 以下の拙稿も参照されたい。長野ひろ子「日本におけるジェンダー史と学術の再構築」（『歴史評論』六七二、二〇〇六年）、同「女性史・ジェンダー史の展開――一九八〇年代以降の変化」（『比較家族史研究』二三号、二〇〇八年）、Nagano, Hiroko (2011), "Women's History and Gender History: The Characteristics of Their Developments in Japan", *Keizaigaku Ronsan*, Vol.51-1.2, Chuo Daigaku Keizaigaku Kenkyukai. 参照。

29 日本女性学会の創立は一九七九年である。ほかに女性学研究会、国際女性学会などが相次いで設立された。

30 井上輝子・上野千鶴子・江原由美子編『日本のフェミニズム』全八巻（岩波書店、一九九四・一九九五年）。

31 田中美津『いのちの女たちへ』（田畑書店、一九七二年）。

32 秋山洋子「榎美沙子と中ピ連」（『女性学年報』一二、一九九一年）。

33 高群逸枝『母系制の研究』（厚生閣、一九三八年）。

34 井上清『日本女性史』（三一書房、一九四八年）。

35 この時期出版された女性史の文献やそれらをめぐっての動向については、女性史総合研究会編『日本女性史研究文献目録』（東京大学出版会、一九八三年）、伊藤康子「日本における女性史研究の歩み」（『歴史評論』

二八〇、一九七三年）に詳しい。
36 村上信彦『明治女性史』全四巻（理論社、一九六九―一九七二年）。
37 水田珠枝『女性解放思想の歩み』（岩波書店、一九七三年）。
38 この時期の女性史をめぐる論争については、古庄ゆき子編『資料女性史論争』（ドメス出版、一九八七年）を参照されたい。
39 一九九七年から九八年にかけて、アンソロジーとしての『日本女性史論集』全一〇巻（吉川弘文館）が刊行された。このなかには、『歴史評論』を初出とする多くの論稿が収録されている。
40 一九七七年夏、第一回「全国女性史研究交流のつどい」に参加した一人は、下記のような感想を記している。

総じて報告の大勢を聞いての印象は、地方に息づき、生活し、苦闘してきたものの〈点と線と面〉でつづり織る燎原の火のような地方女性史の発掘の量であり、運動史か生活史かをこえる手作業でそれにとりくみだした女たちの執念の結集とである。（山本千恵「『第一回女性史のつどい』に参加して」『歴史評論』三三五、一九七八年、九九頁）

ここに述べられた「運動史か生活史かをこえる」というスタンスに注目されたい。
41 長野ひろ子「地域女性史と地方史研究・運動」（地方史研究協議会編『地方史・地域史研究の展望』名著出版、二〇〇一年）一六一頁。
42 女性史総合研究会編『日本女性史』全五巻（東京大学出版会、一九八二年）。
43 ただし、それはアカデミズムの片隅に席を与えられただけのことであり、日本女性史専攻で大学にポストが得られるということを意味しなかった。歴史学のメイン・ストリームは、相変らず女性史と遠く離れたところにあった。鹿野批判に対する脇田の反批判、さらに何人かの論者のコメントも公にされている。鹿野政直『婦人・女性・おんな――女性史の問い』（岩波新書、一九八九年）六九頁、脇田晴子「刊行にあたって」（女性史総合研究会編『日本女性生活史』全五巻、東京大学出版会、一九九〇年）、上野千鶴子「歴史学とフェミニズム――「女性史」を超えて」（『岩波講座日本歴史』別巻一、岩波書店、一九九五年）一六二―一六四頁、荻野美穂「日本における女性史研究とフェミニズム」（『日本の科学者』二八―二、一九九三年）七―八頁、米田佐代子「フェミニズムと歴史学」（『歴史学研究』六二六、一九九一年）一〇五―一〇六頁。

44　「新しい女性史」が日本で影響を与えていたとすれば、それは外国史のほうである。すなわち、日本での社会史研究の展開とも重なり、外国史を専攻する女性研究者のなかには、欧米の女性史・女性学の研究動向を把握し、日本での研究を促す論者も現れた。長谷川前掲論文、荻野美穂「性差の歴史学――女性史の再生のために」（『思想』七六八、一九八八年）。なお、日本女性史では、早川紀代がかなり早くから欧米の女性史・女性学研究の新しい潮流さらにジェンダー概念についても丁寧に紹介している。しかしながら、多くの日本女性史研究者にとっては、知識としての受容を超えるものではなかった。早川紀代「女性史とフェミニズム」（歴史科学協議会編『女性史研究入門』三省堂、一九九一年）、同「女性史研究の方法的課題」（『日本史研究』三四五、一九九一年）。

45　註25で述べたように、筆者は一九九〇年三月から二年間ロンドン大学で在外研究に従事し、帰国後九三年春に総合女性史研究会大会において、「近世的システムとジェンダー」という報告を行った。しかしながら、そこではまだ、ジェンダーが言葉としても概念としてもほとんど浸透していないことを実感した記憶が残っている。

46　脇田晴子／S・B・ハンレー編『ジェンダーの日本史』上下（東京大学出版会、一九九四―一九九五年）。

47　上野前掲論文。

48　長野ひろ子（『日本歴史』五七二号、一九九六）一五四―一五五頁。

49　脇田・ハンレー前掲書、序言。

50　同前。
51　同前。
52　上野前掲論文、一七九頁。
53　ジェンダー史学会の設立経緯については、以下を参照されたい。長野ひろ子「ジェンダー史学会の設立について」（『総合女性史研究』二二、二〇〇五年）、同「ジェンダー史学会の設立にかかわって」（『比較家族史研究』一九、二〇〇五年）、同「ジェンダー史学会の発足について」（『歴史評論』六六五、二〇〇五年）、加藤千香子「ジェンダー史学会の設立」（『女性史学』一五、二〇〇五年）。
54　「創刊の辞」は、ジェンダー史学会の初代代表理事に選出された筆者が執筆している。
55　筆者も編者として加わり、二〇〇九年から二〇一一年にかけて刊行された『ジェンダー史叢書』全八巻（明石書店）は、そのような試みの一つであり、学際的・国際的視野から包括的なジェンダー・アプローチを行うことをめざしたものである。
56　この項の論述は、久留島典子・長野ひろ子・長志珠絵編『歴史を読み替える　ジェンダーから見た日本史』（大月書店、二〇一五年）序章（長野執筆）の一部と重複していることをお断りしておきたい。

第二章　本書の課題と方法

前章では、日本のジェンダー史研究の展開とその特質を、欧米と比較しつつ時系列的に明らかにした。本章では、前章を踏まえ本書の課題と方法について提示していく。

一　明治維新とジェンダー――研究史の概観

ここでは、明治維新とジェンダーをめぐるこれまでの研究史を概観しておく。

明治維新研究には、戦前からの厖大な研究史があり、これまで幾多の論争が繰り広げられてきた。

明治維新は絶対主義的変革かそれともブルジョア革命かというマスター・ナラティヴをめぐる論争にはじまり一九六〇年代末から七〇年代には佐々木潤之介らの世直し状況論が空前の活況を呈した。[1] また、海外では、六〇年代以降のアメリカを中心に、日本の明治維新を高く評価する近代化論が提唱されていた。[2] しかしながら、七〇年代までのアカデミズム空間には、明治維新をジェンダーの視点から取り上げることはいうまでもなく「女性」についても研究対象として不可視の状況が続いていた。その間、在野の女性研究者や小説家たちが、明治維新に登場する女性たちについて人物研究というかたちで研究を重ねていたことは明記しておく必要がある。[3]

八〇年代に入り、日本の女性史研究がアカデミズムに一定の足場を築いた時、明治維新における女性の役割が論じられるようになり、研究は次の段階に進むこととなった。この時期から、アカデミズムの明治維新研究者からもいくつかの見解が提示されることになっていく。その一人高木俊輔は、幕末維新の政治的激動に何らかのかたちで深くかかわりをもった女性たちについて論じている。[4] 高木は、幕末期の志士・政治家を、①中央指導者型、②藩権力旋回型、③脱藩（脱郷士）中央工作型、④脱藩（脱郷士）地方工作型、⑤在村的活動家型、⑥活動支援（パトロン）型に分類した場合、烈婦・女流志士といわれ直接に政治活動に従事した女性たちは、ほとんどが③の類型に属し、その他の幕末維新期の女性の多くは⑥のパトロン型であるとみなしている。また、「女性たちにとっても、幕末・維新期は、比較的開かれた、流動性のある時代だった」[5] と述べているのも注目される。

幕末動乱期の女性活動家については、女性史研究の側からも高木とは異なった視角から検討が加えられた。関民子の問題意識は、「生の軌跡を手がかりとして、幕末動乱期における女性の課題とその克服の方法をさぐってみたい」[6]というものであり、藩の弾圧で流罪となった筑前の野村望東尼をとりあげ、彼女が、和歌の修業を通じて自己確立につとめ、政治参加の正当性をも主張するにいたるまでを辿っている。野村望東尼は、女性であるがための社会的状況を改革するという政治構想はもたなかったにせよ、女の「そほづ」（かかし）的状況の克服を自己の課題としてたたかい続け、女の政治参加の正当性を確信・実践することで、「幕末における武士身分の女性の、自己解放の一つの到達点を示していた」[7]と関は結んでいる。久保貴子も同じく野村望東尼をとりあげている。久保は、「望東尼は和歌の修業と尊攘運動への関わりを通じて、女性の政治参加の正統性を確立していった」[8]と述べ、同時に、彼女の志士意識は、男性の志士への同一化の努力となって表れており、真の女性解放への道には結び付かなかったとの見解を述べている。久保の野村望東尼に対する評価は、関とほぼ同じである。すなわち、関、久保ともに明治維新史研究とはある程度距離をおき、政治過程に関与した個人女性にアプローチすることで、個人の自己確立、政治参加の正当性などを分析し明確化している。女性解放との関連性を問題にし、かつそれに否定的展望を与えている点も両氏に共通している。

近世史家の大口勇次郎は、「女性にとって明治維新とは何だったのか」という直截なテーマで問題に迫っている[9]。大口は、明治維新での女性の役割を「政治の舞台に登場しない女性たち」と捉え、そのことを江戸時代における女性のおかれた社会的・文化的地位から見直そうとするものである。その一つとして「表」と「裏」の役割分業という視点からアプローチを試みている。「明治維新は、徳川政権の正当性を否定した政治革命であり、身分秩序を崩壊させた社会革命ではあったけれども、家制度や女性の『奥』役割について、根底からメスを入れるジェンダーの革命であったとは、残念ながら言いがたい[10]」とまとめている。大口の場合、近世的政治・社会システムの規定性を前面に押し出して論じているのが特徴と言えるだろう。

二一世紀に入ると、女性史・ジェンダー史研究者のみならず明治維新研究者の一部からも女性あるいはジェンダーを意識した明治維新研究が行われるようになった。

二〇〇〇年には、明治維新研究者の側から、注目すべき著作が相次いで刊行された。一つは佐々木克編『それぞれの明治維新――変革期の生き方[11]』である。同書は、明治維新という歴史の大きな転換期に、人々がどのように生きたのか、個人や社会と組織とのかかわりを念頭において追究した共同研究である。ここで取り上げているのは、皇族や武士から農民・アウトローにいたるまで有名無名を問わない一四人の人物像である。明治維新期をかなり広く設定し、組織あるいは事件と個人とのかかわりも濃淡さまざまである。この一四人のなかに女性が一人含まれているのは、これまでのアカデミズムにはみられなかった点である。この唯一の女性すなわち近衛家老女・村岡は、同書でどのような人物として描かれたのか。執筆者は、「京都に生まれ育ち、戦前の小学校教育を受けた[12]」辻ミチ子であり、彼女にとって村岡は周知の人物であったという。辻の執筆意図は、幕末近衛家の実力者であり、安政の大獄での処分により戦前まで「勤王烈女」「女傑」として知られた村岡の虚像を解き放ち、可能な限り実像に迫ることであった。辻の場合、後述のアン・ウォルソールの方法論に通ずるものがある。

同じ年、『明治維新の人物像』が、『幕末維新論集』全一二巻の最後の巻として刊行された[13]。編者の宮地正人によれば、「この大激動の全体がどのような軸と深さを有し、そこに生きた各階層の人々が如何なる意識を有していたかについては、それ自体の問題として常時念頭におく必要がある。このような枠組みの存在しない処での立論は、どのような論証であろうと説得性をどこかしら欠如せざるを得ない[14]」と述べている。宮地が人物を選択した際の基準は、①幕末から明治初頭にかけ、日本が直面した近代化の課題、特に西洋科学技術の導入と翻訳、更にその定着化に努めた洋学者の具体的なあり方、実務を遂行する職人と現場技術者の存在、②薩長雄藩のみならず全国において政治運動に参加した草莽層、豪農商、国学者、③民衆の思想的営為とその可能性を探る、④開化政策にかかわる人々の四つであり、④のなかで篠田雲鳳という一人の女性が取り上げられている。漢詩人であった彼女は、幕末維新期に何らかの政治的役割を果たしたというわけではない。一八七二年に東京開拓使仮学校の和漢学の教師となり、五年間奉職し、その後私塾を経営している。宮地は、「幕末維新期には、個性豊かで能力のある女性が輩出した時代[15]」と捉え、とりわけ和歌や漢詩の世界では、男女の性差が他よりは問われなかったと述べている。宮地の捉え方は、八〇年代に高木が述べた「女性たちにとっても、幕末・維新期は、比較的開かれた、流動性のある時代[16]」という見方に近いと言えよう。

二冊の書で取り上げられたさまざまの個人は、維新の元勲などではなく、無名に近い人物も少なくなかった。そのなかには少数ながら女性たちが含まれていた。明治維新をほとんど無名に近い個人にまで降ろした時、漸く女性たちが可視化されたとも言える。その際には、老女村岡のように政治事件と交錯する局面を持った女性と、篠田雲鳳のように交叉する人生をもたなかった女性と、両者ともに明治維新研究の俎上に乗ったのである。

海外でも、明治維新研究はなされてきたが、女性やジェンダーの視点から考察し、日本の女性史・ジェンダー史研究者に影響を与えたのは、アメリカの歴史家アン・ウォルソールであろう。一九九八年、ウォルソールは、*The Weak Body of a Useless Woman : Matsuo Taseko and the Meiji Restoration*[17]を刊行した。彼女はこの著作において、松尾多勢子という人物の伝記という手法をとりつつ、ジェンダーの視点からこれまでの明治維新研究に重要な異議申立てを行った。すでにウォルソールは、一九九四年に松尾多勢子に関する最初の論文「松尾多勢子と明治維新――自己とジェンダーのテキスト」[18]を日本で発表している。日本語で書かれたこの論文で自らをフェミニスト歴史学者と位置づけつつ、沈黙の闇に沈む声を歴史の明るみに引き出すために、松尾多勢子（一八一一―一九四年）の伝記の一部を用いて、①フェミニズムの立場から書かれる伝記とは何か、②松尾多勢子が勤皇派の人となった過程を「自己とアイデンティティ」という観点からどのように分析するべきか、③伝記の対象となる人物がその下に生きた支配体制はその人物が書き残す文章のなかにどのように表れると考えるべきであるか、の三つの問題を考えたいと述べている。ここでは、伝記の方法論的問題を考察することに問題を限定し、松尾多勢子の人生が明治維新とかかわった短い期間を素材に分析を試みているが、彼女自身「私の仕事の将来の目的は、松尾多勢子の生涯の部分ではなく全体をとりあつかう完全な伝記を書くこと[19]」と表明しており、数年後に上梓されたのが、他ならぬ *The Weak Body of a Useless Woman : Matsuo Taseko and the Meiji Restoration* であった。フェミニスト伝記の方法論に学んだウォルソールは、「多勢子の人生におけるあらゆる局面を検証しないかぎり、等身大の彼女に迫ることは不可能である」[20]と考え、松尾多勢子という人間を、史料にもとづき可能な限り、生まれてから亡くなるまで全生涯に伝記の記述を広げている。ウォルソールが意図したものは、「多勢子の生誕から死亡まで、織物を皺一つ残さないように広げていく展開ではなく、逸脱的・断片的史料のなかに残された人生の布切れのようなものが示す迫力」[21]であるという。

このようなアプローチは、先述した辻が老女村岡を描いた手法と類似している。辻は、幕末近衛家の実力者で安政の大獄での処分により、戦前まで「勤王烈女」「女傑」として知られた村岡の虚像を解き放ち、可能な限り実像に迫った。加えてウォルソールは、勤皇家というアイデンティティに一元化しようとする従来の伝記にたいし、随所において変容し重層化するアイデンティティを対置した。この変容し重層化するアイデンティティというウォルソールの見解は、メイン・ストリームの明治維新研究とも交叉可能な論点を提示したものと考えられる。これまでの日本の明治維新史研究においては、女性が出来事にどう影響を及ぼしたかという観点は問われたが、その逆は顧みられなかった。したがって、老女村岡も松尾多勢子も周辺での補助的役割というかたちで位置づけられ、片付けられてしまったのである。しかし、ウォルソールはまったく逆の発想をした。出来事が女性にどう影響を与えたかを詳らかにすることで明治維新の観念がどう変容をとげるかを問い直したのである。

今世紀ゼロ年代には、日本の女性史・ジェンダー史においても、維新変革・近代国家成立期の研究に注目すべき著作が相次いで発表された。代表的なものとしては、若桑みどり『皇后の肖像――昭憲皇太后の表象と女性の国民化』[22]、関口すみ子『御一新とジェンダー――荻生徂徠から教育勅語まで』[23]、早川紀代『近代天皇制と国民国家――両性関係を軸として』[24]を挙げることができる。[25]若桑の『皇后の肖像――昭憲皇太后の表象と女性の国民化』は、明治政府が女性をいかに国民化したか、その際美子皇后（昭憲皇太后）の表象がいかに使用され、女性の統御と支配のために皇后がどのような役割を果たしたかを克明かつ明快に解明している。早川の『近代天皇制と国民国家――両性関係を軸として』は、日本近代国家の形成過程において、男女両性関係が法制度や国民道徳にどのように組み込まれ編成されたのか、それが国家・社会の構造に如何なる特質をもたらしたのかを中心に検証している。いずれも、研究史を画すると考えられる大著であるが、ここでは、本書との関連から近世・維新期の大奥・奥と奥向きを論じた関口の『御一新とジェンダー――荻生徂徠から教育勅語まで』について言及しておきたい。

関口は同書において、江戸期から明治中期までを俯瞰し、明治維新におけるジェンダー・セクシュアリティの激変と、近代日本のジェンダー体制の最深部に儒教思想が読み込まれたとする結論を導き出し反響をよんだ。その第一編で、関口が主として研究対象に選んだのが将軍家や大名家の奥向きとそれにかかわる空間であった。ここで徂徠が、ジェンダー・セクシュアリティシステムをいかに社会の根本とみなし重視していたかが明らかにされる。関口は、ジェンダー・セクシュアリティに関する限り、近代国家の統治システムにより、儒教思想は江戸期以上に影響力を肥大化させていたとみるのである。近代日本のジェンダー・セクシュアリティシステムが、欧米文明国との関係のなかで設定され方向づけられざるをえないことの重要性も明示した。もちろん、その西洋近代を選択的に摂取したのが男性たちであったことも著者は見逃してはいない。同時に関口は、あとがきで「日本と、世界において、『日本の女』の表象を自らの手に取り戻す――これが、本書の隠れたテーマである」と述べている。この領域でのポストコロニアルの視角の重要性を主張し、今後の研究に一つの方向性を示唆したものと言えよう。

他に、一般向けに書かれてはいるが、辻ミチ子『女たちの幕末京都』[26]も挙げておきたい。ここで辻は、幕末の京都を舞台に、時代の変動のなかをそれぞれの境遇の女性がどのように生きたかを描いている。辻は、「かつての勤王の志士たちの大言壮語によって、虚偽を交えた誇張が『烈女』『女傑』を生みだした」[27]とし、「これに惑わされるのは禁物」[28]とし「ありのままの女性像が語られるようになってほしいものである」[29]と述べる。また、幕末の奥向きについて、「判断力のある老女を奥向きに置くことは、有事にあっては重要なことであった」[30]との見方を示している。これは「有事」すなわち変革期にあっては、政治的空間に存在していた女性の政治的価値・有用性が高まるとの主張に他ならない。幕藩制国家の政治的特質にもかかわる興味深い指摘であろう。

二〇一〇年代に入り、明治維新のジェンダー分析の射程は、一層広がりを見せてきた。二〇一五年、ジェンダーを踏まえた維新史研究の試みとして明治維新史学会編『講座明治維新　第九巻　明治維新と女性』[31]が刊行された。まず総論のところで、編者の西澤直子・横山百合子両氏による研究の現状と論点の提示が簡潔ながら的確になされたうえで、「ジェンダー視点にたった維新史研究の読み直し」[32]として、再生産労働にかかわる性と生殖を中心としたテーマと、幕末維新期における法制度、政治、経済、教育などを問い直す諸論稿合わせて七篇を掲載している。とくに、七篇のうち三篇が性と生殖に関する論稿であり、家族／家の内部で行われる生命の生産・再生産労働とその疎外的形態としての買売春という二つの基本的な局面をとりあげ、これまで踏み込んでいなかったテーマにも果敢に挑戦している[33]。

同じく二〇一五年、新体系日本史9『ジェンダー史』[34]が発刊され、そのなかで明治維新期の女性・ジェンダーについての論述がなされている。第Ⅲ部「近世社会のジェンダー」第四章「幕末のジェンダー」では、商品経済が発展し身分的秩序がくずれはじめていた幕末期において、ジェンダーの視点から一人の農村女性のライフサイクルをたどり、続いて幕末に起きた社会現象のお蔭参りやお蔭踊り、幕末維新期における政治運動などにみる女性の役割を位置づけ、最後に開港にともない生じた居留地の「洋妾」と遊廓、国際結婚さらに芸娼妓解放令などにも論及している[35]。第Ⅳ部「国民国家とジェンダー」では、第一章「国民化とジェンダー」の1「乱反射する文明のまなざし」と2「自己主張する女性たち――「国民」になること」において、国民国家や「国民化」の動きを中心に論じている[36]。文明国家をめざす政府は、国民化という観点からさまざまな身体管理を行い、性病検査も含め女性身体への負荷を強化したことを述べ、自由民権期の女性主体の動きと学問受容の持つ意味、さらに近代家族像における良妻賢母規範の出現にも追究している。同書からも、明治維新のジェンダー分析が着々と進んでいることがうかがえよう。

以上の研究史を踏まえ、次節では、本書の課題と方法を述べることにしよう。

二　本書の課題と方法

本書の課題は、明治維新という一大変革期にジェンダーがどのように変化し、日本近代国家成立に向け再構築されていったのか、ジェンダーの再構築をめぐって実証ならびに表象両面からの重層的・構造的分析を行うことである。検証すべき課題と方法は二つに大別される。第一に、幕藩制国家の崩壊と日本近代国家の成立にあたり、ジェンダーはどのように変容し、再構築されていくのか、幕藩制国家の公的・政治的・権力的空間に存在した女性の「行方」と特質を実証的に明らかにすることである。本書第二部第一章・第二章がそれにあたる。第二に、日本近代国家がジェンダーの再構築をはかる時、過去（歴史）のジェンダーはどのように再ジェンダー化されて理解されるのか、前記幕藩制国家の公的・政治的・権力的空間に存在した女性についてその語りと表象分析から解明していくことであり、本書第二部第三章・第四章の論述がそれである。これらが車の両輪の如く進行しつつ、両者相俟ってジェンダーの再構築、言い換えれば、明治維新における「ジェンダーの政治」が遂行されるものと筆者は考えている。

第一章では、幕藩制国家の公的・政治的・権力的空間に奥向き女中として勤めていた女性たちが、明治維新の激動を経ていかなる変容を遂げていくのか、再構築のありようを追究した。そこでは、明治維新後の奥向き女中の地位低落の具体的ありさまを、明治維新の敗者復活戦からの排除と近代的職業としての「下女の代替名称化」への転落というドラスティックなまでの変貌ぶりを中心に跡づけた。

第二章では、江戸幕府の財政システムにおける大奥の特殊性を明らかにしたうえで、近世後期――幕末期の奥向き支出を分析した。松平定信による寛政改革時の大奥対策と対比しつつ、幕末期の和宮降嫁等の財政支出が如何なる意味をもち、それが幕藩制国家システムの特質とどのようにかかわっていたのかを検証した。なお、従来の大奥・奥研究では、女中衆の給金・扶持・諸手当等についてはある程度明らかにされてきたが、幕府財政あるいは幕府財政システムのなかでの大奥の財政的位置づけについては、これまでの研究では等閑に付されていたのである。

第三章は、幕藩制成立期にあって、幕府大奥制度を固めるのに尽力し、権勢をふるった春日局が、明治前期に歌舞伎座という演劇空間でどのように語られることになったのか、なおかつそのことが近代国民国家におけるジェンダーの再構築とどのように関連していたのかを論じたものである。さらに、江戸の女性権力者が公的・政治的領域から排除されていくこととは逆に、この時期が、江戸時代の一揆首謀者佐倉惣五郎が劇場空間を皮切りに民権家の始祖として、政治主体として上昇し甦った時期と符合することから、そのことの持つ意味、すなわち逆転の構図についても合わせて解釈を加えた。

第四章では、前章に引き続き、江戸時代に公的・政治的権力空間に存在した女性である絵島を取り上げた。絵島も、春日局と同じように明治前半期に劇場空間に突如姿を現した人物である。ただ、春日局と絵島とは同じ大奥の実力者とはいえ、既婚者か未婚者かという決定的な違いがあった。春日局が既婚者として妻であり母であったのに対し、絵島は生涯独身であった。大奥の女性としては、後者が一般的であったことはいうまでもない。未婚女性群としての大奥空間での実力者が、明治期にどのように再ジェンダー化されるのかという課題には、絵島のほうが分析対象としてふさわしい人物であったとも言えるが、同時に両名を取り上げることにより、明治国家が母となった女性とそうでない女性との間に明確な社会的・道徳的線引きと序列化を行っていたことの検証をすることができると考えたからである。

以下、第二部において明治維新におけるジェンダーの再構築をめぐって重層的・構造的分析を行っていく。

註

1　一九五〇年代までの主要文献は以下の通りである。野呂栄太郎『日本資本主義発達史』（岩波書店、一九三四年）、山田盛太郎『日本資本主義分析』（岩波書店、一九三四年）、楫西光速『日本資本主義発達史』（正続）（有斐閣、一九五四・五七年）、服部之総『明治維新史研究』（三和書房、一九五〇年）、羽仁五郎『明治維新史研究』（岩波書店、一九五六年）、藤田五郎『日本近代産業の生成』（日本評論社、一九四八年）、奈良本辰也『近世封建社会史論』（高桐書院、一九四八年）、遠山茂樹『明治維新』（岩波書店、一九五一年）、井上清『日本現代史Ⅰ明治維新』（東京大学出版会、一九五一年）、堀江英一『明治維新の社会構造』（有斐閣、一九五四年）。また、一九五八年から五九年にかけて刊行された歴史学研究会編『明治維新史研究講座』全六巻は、戦前から五〇年代の研究史を総括している。六〇年代から七〇年代の明治維新史研究として以下に代表的文献をあげておく。田中彰『明治維新政治史研究』（青木書店、一九六三年）、芝原拓自『明治維新の権力基盤』（御茶の水書房、一九六五年）、毛利敏彦『明治維新政治史序説』（未来社、一九六七年）、中村哲『明治維新の基礎構造』（未来社、一九六八年）、佐々木潤之介『幕末社会論』（塙書房、一九六九年）、佐々木潤之介編『村方騒動と世直し』（上下）（青木書店、一九七二・七三年）、佐々木潤之介『世直し』（岩波書店、一九七九年）、明治維新の基本史料も、『日本史籍協会叢書』『大日本維新史料』『明治天皇紀』等をはじめ、幕末維新期の政局に深くかかわった旧藩史料、あるいは全国の自治体史史料集など尨大な量にのぼる。

2　六〇年代の近代化論のなかで、マリウス・ジャンセンの坂本龍馬研究などは、明治維新を明確に男性・エリート・西南雄藩中心の歴史として叙述している。M.B.Jansen, *Sakamoto Ryoma and the Meiji Restoration,* Princeton University Press, 1961. また、E・O・ライシャワー、J・W・ホール、T・C・スミスらの近代化論は、日本の戦後歴史学の対極に位置するものであった。

3　一九七七年から翌年にかけて円地文子監修による『人物日本の女性史』全一二巻が刊行されている。本の帯には、「ひたむきに生きた女たちの情熱が光る…。女流作家、女流歴史家たちの鋭い感性で、浮きぼりにする、女性たちの目による新しい女性史」とある。ただし、「女流歴史家」の執筆者は少ない。明治維新関係でとりあげられた女性は、和宮、天璋院、太田垣蓮月、松尾多勢子の四人である。

4　高木俊輔『それからの志士』（有斐閣、一九八五年）。なお、次の著作も参照されたい。高木俊輔『明治維新草莽運動史』（勁草書房、一九七四年）。

5　高木俊輔「草莽の女性」（女性史総合研究会編『日本女性史』第三巻、東京大学出版会、一九八二年）二八七頁。

6　脇田晴子・林玲子・永原和子編『日本女性史』（吉川弘文館、一九八七年）一八五頁。

7　同前、一九〇頁。

8　総合女性史研究会編『日本女性の歴史・女のはたらき』（角川書店、一九九三年）一五五頁。

9　大口勇次郎「女性にとって明治維新とは何だったのか」（『幕末学のみかた』朝日新聞社アエラムック、一九九八年）。

10　同前、一二三頁。

11　佐々木克編『それぞれの明治維新』（吉川弘文館、二〇〇〇年）。

12　同前、五二頁。

13　宮地正人編『明治維新の人物像』（吉川弘文館、二〇〇〇年）。

14　同前、三四三頁。

15　同前、三五五頁。

16　註5に同じ。

17　Anne Walthall, *The Weak Body of a Useless Woman : Matsuo Taseko and the Meiji Restoration*, The University of

Chicago Press,1998. 二〇〇五年、その邦訳が『たをやめと明治維新』という書名で、ぺりかん社より刊行された。
18 脇田晴子、スーザン・ハンレー編『ジェンダーの日本史』下（東京大学出版会、一九九五年）。
19 同前、一八〇頁。
20 『たをやめと明治維新』一九頁。
21 同前。
22 筑摩書房、二〇〇一年。
23 東京大学出版会、二〇〇五年。
24 青木書店、一九九八年。
25 ほかに、井桁碧編『「日本」国家と女』（青弓社、二〇〇〇年）、片野真佐子『皇后の近代』（講談社、二〇〇三年）、人物研究として、辻ミチ子『和宮――後世まで清き名を残したく候』（ミネルヴァ書房、二〇〇八年）、NHK大河ドラマ「篤姫」ブームにのったかたちで畑尚子『幕末の大奥――天璋院と薩摩藩』（岩波新書、二〇〇七年）等がある。
26 中公新書、二〇〇三年。
27 同前、二四四頁。
28 同前。
29 同前、二四五頁。
30 同前、七〇頁。
31 有志舎、二〇一五年。
32 同前、二頁。

33　横山百合子「幕末維新期の社会と性売買の変容」・人見佐知子「セクシュアリティの変容と明治維新――芸娼妓解放令の歴史的意義――」・沢山美果子「『産み育てること』の近代」の三篇である。各執筆者の以下の著作も参照されたい。横山百合子『明治維新と近世身分制の解体』（山川出版社、二〇〇五年）、人見佐知子『近代公娼制度の社会史的研究』（日本経済評論社、二〇一五年）、沢山美果子『近代家族と子育て』（吉川弘文館、二〇一三年）。

34　大口勇次郎・成田龍一・服藤早苗編、山川出版社。

35　大口勇次郎執筆部分。

36　長志珠絵執筆部分。

第二部
明治維新とジェンダー
——再構築をめぐって

第一章

女中と明治維新
――敗者復活戦から外された人々

はじめに

江戸時代に、全国各地から訴訟・裁判のために出府した者は少なくなかった。彼らは、江戸の馬喰町などに多くあった公事宿に宿泊し、公事宿の主人などから訴訟技術を教わったり、訴状を代書してもらうなどの補佐を受けることが通例であった。また、訴訟・裁判の増加は、公事師・公事買などと呼ばれる訴訟代理業者を大量に生み出した[1]。

明治維新後、このような訴訟行為の補佐を担ったのは、代言人と呼ばれる人々であった。代言人は、一八七二（明治五）年の司法職務定制により登場したが、江戸の公事師と似たような職務であり、当時の藩閥政府が彼らを敵視したこともあって、世間には代言人蔑視の風潮があった。その後、一八九三（明治二六）年に弁護士法が制定され、従来の代言人に代わって弁護士という名称になるが、その間には、司法省法学校や東京大学出身の学士代言人や、彼らが中心となって設立した私立の法学校の人たちの職業としての確固たる基盤を作り上げようとする熱意と努力があった。現在著者の勤務する中央大学が、イギリス法学校として産声を上げたのは、一八八五（明治一八）年のことである。[2]

その後、弁護士という職業の威信度は着実に上昇していった。現在、資格試験の最難関と言われる司法試験に合格しなければ弁護士を開業することはできない。法科大学院の開設も、今のところ弁護士という職業のステイタスを揺るがすものになるとは考えられない。

このように、公事師から代言人そして弁護士という名称の変化は、職業としての基盤の確立と威信度の上昇を伴って現代に至っている。これを称して、職業としての「成功例」ということもできよう。近代化の過程で、日本の職業をめぐる状況は激変した。

本章で分析対象として取り上げる女中は、日本近代における女性の職業としてはごくありふれたものであった。経済史家の尾高煌之助によれば、明治から大正期は「女中の時代」であったという。尾高は、産業化において都市と農村が織りなす二重構造の時代を反映する鏡として家事使用人としての女中奉公を取り上げ、戦間期を「女中の時代」の終末期と位置づけている。日本の一九三〇（昭和五）年当時における家事使用人の総数は約七〇万人、女子有業者全体の六・六％を占めていた[3]。ただし、住込みの家事使用人である女中の明治期での呼称は、「下女」「下婢」が一般的であった。それが、大正はじめには次第に「女中」という呼称に置き換わっていくという経緯がある。その理由については、一般的に明治三〇年代の下女の払底状況が挙げられている。下女奉公を嫌うという供給側と逆に増大する需要とがあった。そこで、主従関係的、隷属的イメージが強い「下女」「下婢」という呼び方を「女中」に改めようとしたというわけである。大正期半ばには、「女中」という言葉が一般化した。したがって、尾高の「女中の時代」という言い方は「下女と女中の時代」としたほうがより正確な表現ということにはなろう[4]。

ところが、一〇年が経つか経たないうちに、この「女中」という呼称も問題があるとされるようになった。「下女だの下婢だのという語が殆ど廃れて女中という語になったのでせうけれど、その女中という語に、また段々下げしめるような意味を感じさせられるやうになった」というのだ。「どうぞれを改めたらよいでせう」と、一九二〇（大正九）年『婦人之友』八月号で懸賞つきで募集したというのである。かなりの応募のなかから、一等に選ばれたのが「お手伝い」であった。親しみがあって聞こえがよく、使う人・使われる人という差別的なニュアンスを払拭するのにもっとも相応しいと考えられたのである。これにより、『婦人之友』誌上では、「お手伝い」が「女中」とならんで使用されたが、他へはなかなか普及しなかった。したがって、戦後も間もない頃は「女中」であり、「お手伝い」「お手伝いさん」が、住み込み家事使用人の名称として一般化していくのは高度成長期一九六〇年代である。しかし同時に、「三種の神器」にみられる家電製品の普及、公団住宅の明るいキッチンなどのなかで、家事は主婦一人で可能なものとなり住み込みの家事使用人は急速に一般家庭から消えることになったのである。[5]

尾高のいう「女中の時代」およびそれ以後において、女中呼称が一般化していた時期を正確に指摘すれば、一九二〇年代から五〇年代の凡そ三〇年間であった。女中が廃れた理由は、下婢と同様その言葉に「下げしめるような意味」が付着してきたからだという。

現在、職業欄に「女中」の項目はなく、「女中」は「下女」と同様に、差別用語に近くなっている。おそらく現代人は、「女中」と「下女」を、ほぼ同じ意味合いにおいて理解している。

しかしながら、以下に検討していくように、「女中」と「下女」について、明治維新を越えて江戸期まで遡った時、まったく異なった位相に置かれていたということをここで指摘しなければならない。明治維新という時代の転換期を経ることで、両者は代替名称として利用可能な程度に接近したのである。この間の経緯とそのことのもつ歴史的意味を明らかにすることが、本章での課題である。

一　女中の空間・下女の空間

国立公文書館内閣文庫は、『女中帳』と表書きされた分厚い和書二冊を所蔵している。一冊は、一七二二（享保七）年から一七五一（宝暦元）年まで、他の一冊は、一八〇五（文化二）年から一八一〇年までと記されている。二冊とも、江戸幕府に奉公した女中たちの動静、とくに就職や退職を中心に書き留めている。たとえば一冊目の一七三三（享保一八）年に、以下のような記載がある。

奉伺候覚

綾小路[6]中納言娘
と　よ
丑　十五歳

右之女中
養仙院[7]様元小上﨟てる大上﨟ニ被　仰付候壱人之明跡江可被　召抱
思召ニ御座候此段奉伺候様ニ女中衆被申候間為伺とよ親類書写奉入御覧候　以上
十二月十二日
嶋田左衛門[8]
武川孫七郎[9]

養仙院付女中てるが、小上﨟から大上﨟に昇進したので、一つが「明跡」となり、その後任に綾小路中納言の娘とよを召抱えたいと伺いを出したものである。将軍家御台所をはじめ、御三家御三卿の御簾中など摂関家から輿入する場合がほとんどであり、その際、公家の娘が数人お付として江戸城に入り、上﨟（年寄）になるのが通例であった。ここで、てるの出自はわからないが、後任の綾小路家のとよ同様公家出身であったことは十分考えられよう。
もちろん、武家の女性たちも江戸城へ入った。『女中帳』一七三四（享保一九）年から一例を示しておこう。

奉伺候覚

西丸御白書院番水野河内守組
天野甚左衛門妹
かつ
寅　十六歳

右かつ儀
養仙院様元御中臈一人明御座候きよ跡江此度可被　召抱思召御座候し臈ニ被　仰付候
壱人之明跡江可被　召抱此段奉伺候様女中衆被申候為伺かつ親類書之写奉入御覧候
以上

八月廿六日
嶋田左衛門
武川孫七郎

御中臈のきよが退職しその後に天野甚左衛門妹かつが入ったのである。

女中たちの奉公は、原則として一生奉公であった。病気や高齢になると、暇をもらうことができ、その際、退職後の暮らしに困らないように「年金」が支給された。例を挙げておこう。

御勘定奉行江
養仙院様表使
森　井
病気ニ付御暇被下候一生之内四人扶持被下候間可被得其意御留守居可被談候
寅二月廿九日
大久保下野守[10]出

表使は、女中のなかでも重要な渉外・応接を担当する役職である。一七三四（享保一九）年二月の病気退職にあたり、表使森井には、生涯にわたり四人扶持が支給されたのである。

将軍代替わりはもちろん、仕えている主人の死去の際などにも女中たちは暇をもらうことができた。表1は、随性院[11]逝去に伴って退職した女中たちへの褒美金（退職金）と一生扶持（年金）を示したものである。彼女たちが余生を送るには十分の額であったと言えよう。

江戸城や大名家の女中として、町方や江戸近郊から上層の町人・農民の娘が奉公に上がる場合もあった。彼女たちの場合、武家出身の女中より下の役職が多く、ふつうお目見え以下からのスタートであった[12]。また、部屋方すなわち又者の奉公も少なくなかったであろう。彼女たちは、行儀見習いとして勤め、数年で親元へ帰って良縁を得るのが通例であり、江戸城や大名家の奥に女中に上がることは憧れであった[13]。

別稿[14]で詳細に分析したように、幕藩制国家における将軍家・大名家の居城・屋敷は、きわめて高い公的・政治的空間として機能していた。ここでは、一般的に男性の奉公する「表」と女性の奉公する「奥」（将軍家では「大奥」）に分離される傾向にあった。そのために一七世紀中後期には、幕府諸藩において女中法度や奥方条目などが相次いで制定され、女中への出入規制、女中の親族との文通規制などが徹底された[15]。しかし、このような規制を行うこと自体、女中衆が、「表」の政治に関与する可能性が十分にあったことを示して

表１　随性院付女中の褒美金（退職金）ならびに一生扶持（年金）

名前（剃髪後）	年齢（歳）	現職時職名・名前	奉公年数（年）	褒美金（両）	一生扶持
栄寿院	53	若年寄　浦田	41	200	5人扶持
清心院	53	若年寄　多川	40	200	5人扶持
真浄院	50	若年寄　瀧尾	36	200	5人扶持
本樹院	44	若年寄　との衛	31	200	5人扶持
槇樹院	55	表使　松井	35	150	4人扶持
受教院	71	表使　蕗野	48	150	4人扶持
源信院	49	表使　増田	31	150	4人扶持
貞性院	58	表使　山野	39	150	4人扶持
妙けい	63	お末　さの	40	70	3人扶持
知かう	53	お末　さき	40	70	3人扶持
清をん	60	御持仏比丘尼	34	100	3人扶持
教しゅん	51	御持仏比丘尼	30	100	3人扶持

『女中帳』（国立公文書館蔵）より作成。

いた。実際、広義の政治ともいうべき将軍家・大名家の儀礼的側面に、女中衆は重要な役割を果していたのである。[16]

こうして、江戸期の女中たちは、多かれ少なかれ公的・政治的空間に身をおき、政治性を帯びて存在していたのである。

では、他方、江戸時代の下女は、どのような空間にどのように存在していたのだろうか。そこにおいて女中を代替名称にできるような状況は、果たして存在していたのだろうか、次に検討していこう。

昭和期以降の日本において、下女という呼称は、ほとんど使用されなくなったが、江戸時代において、下女は、三都や町方はもちろん、農村でも普通に使用されていた。農村では、豪農経営などに雇用されることが多かった。一八世紀後半、北関東のある豪農経営では、毎年下男・下女の雇用状況を書き留めた「下男女帳」が作成されている。この時期になると、この家での長年季奉公は稀になり、ほとんどが一季奉公であった。一七八四（天明四）年から一七九九（寛政一一）年までの平均奉公人数は、三・六九人、このうち下女は〇・八七人であった。すなわち、農業労働等家業にかかわる労働を担うのは、主として男子であり、下女は家事労働を中心とした屋敷内労働であった。それゆえ一軒あたりの雇用人数も男子に比べ少ないということになる。[17]

幕末期にいたるまで、住み込み雇用奉公人としての下女がいなくなることはなかったが、雇用形態は次第に変わりつつあった。すでに、一九世紀に入ると、月に何日というかたちでの日割奉公人が出現し、これには主として村内の女性が通ってきた。この場合、「下男女帳」に記載されていることに違いはないが、被雇用者が自らを「下男女」と意識していたかどうかは疑問である。たとえば、月のうち六日勤めの農家の主婦は、自らを下女奉公とみなしていたのだろうか。日割奉公の女性たちは仕事の内容も変化し、次第に男性と同じく農業労働にシフトしている。同家の場合、一九世紀に入ると、「手間日留帳」が独立して作成されてくる。手間日留は、日雇奉公のことであり、男女とも含まれる。彼らは、自他ともにすでに下男下女という範疇には入らない[18]。

都市の商家経営において、越後屋、白木屋などの大商家の奉公人はすべて男子であった。そこで家事労働を担ったのは、中年者と呼ばれた男性たちである[19]。もちろん、中小商家などで下女が雇用されていたことは、次に述べる通りである。

江戸時代の下女は、概ね豪農経営や商家経営の住み込み家事奉公人であり、その出自は、主として農村の小自作層、小作層、都市の店借層など村や町のいずれも社会下層の娘たちであった。したがって、江戸時代の女中と下女は、社会階層的にも居住空間的にも、そして仕事の中味も異なっていた。したがって、江戸期において、女中が下女の代替名称になることなど思いもよらなかったのである。では、江戸時代の女中や下女はどのような眼差しを向けられていたのであろうか。とりわけ男性たちは、如何なるイメージを作り上げていたのであろうか、次に検討しておきたい。

二　女中のイメージ・下女のイメージ

筆者は以前、江戸の古川柳『誹風柳多留』のディスクールについて論じたことがある。[20] 川柳は、一八世紀後半の江戸で生まれた文芸であり、川柳という名称は、いうまでもなく創始者である柄井川柳の名にちなんだものである。前句付の人気点者であった彼のもとには、一七九〇（寛政二）年に彼が亡くなるまで、投句数は二三〇万をこえ、そのうち約八万句が「川柳評万句合」に選ばれた。この「川柳評万句合」を厳選し出版されたのが『誹風柳多留』である。別稿では、この川柳という新ジャンルを支えていたのが、男性のホモソーシャルな絆であったことを指摘したのである。

連や組に所属し、月次の句会などで修練を積む彼らは、町人や御家人たちが多かった。男性のホモソーシャルな雰囲気のなかで、まず、女中たちがどのように俎上に乗せられていたのか『誹風柳多留』を検討してみたい。[21]

ひょうぐ屋へ役者絵の来る長つぼね（柳九）
御局の女医者とはすまぬ事（柳五）
血の道もてんねき見る長局（柳一）
長局まづ重役が下になり（柳一三六）
小間物屋助の局に一本売り（柳五一）
御守殿[22]はかげまをえらいめにあわせ（柳一九）
御代参ころんで帰るせわしなさ（柳七）

江の島へ隠れてまいる新五郎（柳一九）
濡事をほんにしたので島へゆき（柳七）
八丈を着て蒸籠へ乗ってゆき（柳二二）

女中たちは、江戸城や大名屋敷という権力中枢空間に存在し、儀礼や人事などを中心に、政治的役割を果しており、町人や豪農の娘たちにとっては憧れの職業でもあった。しかしながら、川柳での女中、とりわけ江戸城大奥に奉公する女中に対しては、性的存在としてこれでもかこれでもかと語られていた。大奥女中の性の相手としての「役者」、堕胎のための「女医者」、いわゆる婦人病としての「血の道」、淫具としての「張形」、男娼のいる「かげま」茶屋での遊興等々……。これでは、大奥女中は、性的欲望の塊以外の何ものでもあるまい。一七一四（正徳四）年江戸城大奥のみならず幕政にも影響を与えた事件として知られるいわゆる絵島事件などは、川柳作者にとって恰好の「ネタ」といえるものであった[23]。

しかしながら、彼らが女中たちをどんなにセクシュアリティの領域に封じ込めようとしても、実際の女中たちは、政治的・公的空間の中枢において重要な役割を果していた。同時にその空間に、御家人や町人の男性たちが入り込むことは不可能であった。支配階級への川柳は、全体のなかで多いとは言えないが、そのわりに女中が数多く対象とされているのは、ホモソーシャルな男性の女性権力者へのミソジニー的視線がそこに集中したゆえであろう。

この女中の空間とは対照的に、下女は、御家人や町人たちが、自由に出入りし、自分の目で見、経験することのできる空間で無防備に働いていた。川柳のなかで、下女を題材にとりあげたものはきわめて多い。創始者の柄井川柳自身、選句の基準として設定した三分野の三番目（末番）は、恋句、世話事、売色、下女の四つの項目立てとなっている。このことは、投句需要の反映とも考えられ、近世後期江戸の下女たちは、川柳作者の好奇の目に始終さらされていたといっても過言ではない。ここでも『誹風柳多留』ならびに『誹風柳多留拾遺』から挙げてみよう。[24]

下女のはら心あたりが二三人（柳二一）
浮気ならいやさと下女がぬかしたり（遺二）
ごく重くごく早いのは下女が尻（柳三九）
俺がとこ俺でもめると下女ぬかし（柳三九）
下女の恋文もへったくれも入らず（柳二〇）
下女が文字梵字をひねるやうにかく（遺三）
下女が鼻うた台所のすすがおち（柳一四）
しかられた下女膳だての賑やかさ（柳三四）
ぬか袋下女は目鼻をつかみよせ（柳一四）
相模下女相手にとってふそくなし（柳八）

下女もまた、淫乱な性的存在として語られていたが、その表現は、女中以上に直截であり、彼女たちの一挙手一投足に容赦のない侮蔑的言葉が発せられていたことがわかる。性的侮蔑に加え、無学無知・粗暴粗野も定番として、下女のイメージをつくっていた。「相模下女」とは、多淫・無学無知・粗暴粗野とされた下女の記号化された表現である。

「淫乱」という記号化は、町空間の下女たちを、現実として身体の危険にさらしていたことも推測することが可能である。下女への強姦・輪姦と推測される川柳を『川柳評万句合』のなかから以下に例示しておこう[25]。

明店へかつがれた下女十五なり
かつがれてからお洒落を下女はやめ
息も絶え絶えに残るは下女一人
腰抜けの下女茫然と麦畑

村方でも、下女や後家など村落内で劣位にある女性たちへの性的虐待は、少なからず発生していた。筆者も以前、若い男性のホモソーシャルな組織である若者組が、隣村から奉公にきていた下女を輪姦した事件などを紹介したことがある[26]。

江戸時代、男たちによって、セクシュアリティにのみ局限されたイメージを貼り付けられ、固定化されたという意味では、女中と下女は共通性をもっていた。しかしながら、前者が、公的・政治的空間において多かれ少なかれ政治性を帯び、一定の権力を保持していたがゆえに、現実の身体を危機にさらすことはなかったのに対し、下女の身体は、現実の町・村空間において日常的な性的危機におかれていたのである。

三　公的空間から私的空間へ

異なった空間、異なった階級・階層として江戸時代に存在した女中と下女は、明治維新の激動のなかで急速に接近することになった。ここでは、そのドラスティックな変動の様相をみていこう。[27]

とはいっても、激変は両者に等しく訪れたわけではない。権力中枢空間としての江戸城に存在していた女中たちの動静ほど激変を極めたものはない。ただし、ここでは、同じ江戸城ではあるが、史料的制約もあり、本丸女中としての大奥女中ではなく一橋家の女中たちについてみていく。周知のように、田安家、清水家とともに「御三卿」と称される一橋家は、江戸城一橋門内に邸を与えられ、賄料一〇万石、大名並みの格式とされていた。一橋家の女中たちは、大名家の奥向き女中というよりは、江戸城の大奥女中に近い存在であった。事実、一橋家の奥向きを「一橋大奥」と呼ぶ場合があった。

幕末期の一橋邸奥向きは、一八四七（弘化四）年徳川斉昭の第七子七郎麿（のちの慶喜）が第九代当主となって以来、慶喜付、簾中付、誠順院付、徳信院付の女中たちで構成されていた[28]。この女中たちの人数について確たる数字を挙げることはできないものの、一橋奥向きの女中総数は、部屋方（又者）を含め一〇〇人を超えていたと推測している[29]。

慶喜は、一八六六（慶応二）年七月二六日徳川宗家を相続し、同年一二月五日には朝廷から将軍宣下をうけ第一五代将軍に就任した。慶喜が将軍宣下をうけたのは京都二条城であり、以後も引き続き在坂している。この時慶喜簾中は江戸城大奥へ入らず、一橋邸に引き続き住まいしている。なお、慶喜簾中が「御台所」と称されるのは、一八六七（慶応三）年九月からであり、同年一二月慶喜の将軍職辞退により再び「御簾中」に戻っている[30]。

慶喜の宗家相続、将軍職就任の跡をうけ、一橋家一〇代当主となったのは、前尾張藩主で三六歳ながらすでに隠居の身となっていた茂栄である。慶喜の宗家相続から半年ほど経過していた。茂栄は、一二月末、市ケ谷の尾張藩邸から一橋邸へ移った。なお、茂栄簾中が一橋邸へ入ったのは、一八六七年四月になってからである[31]。

一八六七年一〇月の大政奉還、一二月の王政復古のクーデター、続く一八六八年正月の戊辰戦争を経て幕府は崩壊した。驚天動地の出来事は、まもなく一橋邸の女性たちにも激震となって襲いかかった。

江戸城内一橋邸には、慶喜簾中、徳信院、誠順院、及び茂栄簾中の四人の女性とお付の女中たちが住んでいたが、一八六八年三月いずれも江戸城をあとにすることとなった。慶喜簾中は小石川水戸藩邸、誠順院は一橋家の小石川別邸、徳信院と茂栄簾中は、当主茂栄とともに一橋家の永代別邸へ退いた。江戸開城に際し四月一〇日には、天璋院（家定御台所）と本寿院（家定生母）が江戸城一橋邸に移っている。なお、茂栄夫妻と徳信院は、ほどなく一橋家の本所横川端邸へ居を移している。[32]

かくして一橋家は、江戸城という公的・政治的権力中枢空間から退却した。

一八六八（慶応四）年閏四月二九日、田安亀之助（徳川家達）に徳川宗家の相続が申し渡され、五月二四日には同人に駿府七〇万石が与えられた。これによって徳川家は朝廷支配下の一大名となったわけである。この時、従来「将軍ノ厄介」すなわち将軍家の身内としての待遇であった御三卿の一橋家は、田安家とともに徳川宗家から独立し、朝廷の藩屛の一員に列せられることとなった。一橋、田安両家にはそれぞれ一〇万石が与えられた。

しかしながら、一橋家の藩としての時代は長くは続かなかった。それどころか、異例の早さで終焉を迎えることとなった。

一八六九（明治二）年正月、薩長土肥の四藩主、毛利敬親、島津忠義、鍋島直大、山内豊範は連署上表して版籍奉還を請い、諸藩もこれに続いた。茂栄も、三月一九日参内し同様に懇請した。一八六九年六月一七日、版籍奉還の奏請が勅許され、藩主を知藩事に任じたが、一橋茂栄と田安慶頼両人は知藩事に任ぜられなかった。したがって、一二月二六日付けで版籍奉還は聴許されたが、他の多くの藩とは異なり一橋藩と田安藩にとって、それは廃藩を意味するものであった。

一二月二七日参内した田安慶頼、一橋茂栄に対して、家禄として従来の正租・雑税現高の一〇分の一が下賜され、東京に在住すべきこと、家令・家扶ほかの家職の者を残すほか従来の家臣は地方官属となること、支配地の租税未納分は地方官が収納にあたることが達せられた[33]。

では、この間、女性たちの様子はどうだったのであろうか。幕府の崩壊にともない一八六八（慶応四）年六月には御守殿誠順院への化粧料及び幕府からの付け人は廃止となった。つづいて徳信院への年金三〇〇〇両も廃止となった。いずれも今後は、一橋家にて賄うようにとの通達であった。徳信院はこの年八月には本所横川端邸から小石川邸に移っている。一〇月には、茂栄簾中付の女中一一名に暇が出された。ほどなく九日には、茂栄とその簾中は永田町邸から小石川邸へ居を移した。誠順院と徳信院はすでに同邸に居住している。以後、小石川邸が一橋家の住まいとなり、この年一〇月には、苗字を本苗に変更し徳川を名乗ることになった[34]。

分散していた一橋家の女中たちも、一八七〇（明治三）年七月小石川邸に揃うことになった。しかし、その直前には、女中たちへの「御人減らし」が断行されている[35]。

一八七〇年七月の段階で、小石川の茂栄邸に奉公していた女中たちの人数はどの程度であったのだろうか。直前の「御人減らし」などもかいくぐって奉公していた女中たちは、部屋方を含めると、四〇人程度と推定している。すでに幕末期の半分以下となっていたのである。既述のように一斉に暇を出された女中もいるが、激動のなかで一人、二人と辞めていく女中も少なくなかったと思われる。

小石川邸に残った女中たちには、矢継ぎ早の改革が待ち受けていた。まず、七月二日に、職制の変更が申し渡された。江戸城一橋邸幕末期の職制は、職階でいえば、御年寄・中年寄・若年寄上席・若年寄・御中﨟頭・御中﨟・御錠口・表使・御次・呉服之間・御末頭・仲居・使番・半下・子供などである。ただし、これらは、誠順院付、徳信院付、茂栄付、簾中付で少しずつ違っているところがある。しかしながら、御守殿として天保年間以来続く誠順院付女中の職階と一八六七（慶応三）年春に一橋邸へ入った茂栄簾中付女中のそれとでは、むしろ一致しているほうが不思議であろう。ところが、変更された職制ははるかに簡略化されており、「惣御取締」――「御側頭」――「御側」――「御次御取締」――「御次」と、基本的には「御側」系列に一本化されていた。[36]

追いかけるように、同月七日には、「大奥女中向惣御取締」園浦より女中たちの改名届が出されている。園浦、浦園、梅山、袖野、福嶋、歌野、松尾、幾瀬がそれぞれ、園井、たか、むめ、そて、福多、たの、まつ、いく、と改名した。それと相前後して、粂嶋、藤浦、歌沢、粂沢の各女中も、粂尾、藤沢、うた、くめ、と改名している。職制の変更とこの改名届は連動していたものとみてよい。一般的に大奥女中の名前は、役職によって名前の付け方がある程度定まっていた。いわゆる三字名と二字名（おの字名）である。[37]ここでは、改名により、従来の三字名がほとんど二字名に変わっている。三字名で残った場合にも、「浦」や「嶋」など大奥御年寄・中年寄に付けられる文字は憚ったのである。幕藩権力が消え去ったあとの小石川邸は、すでに公的空間でもなく権力中枢空間でもなくなっていた。ここで「大奥女中向惣御取締」を命じられた園浦改め園井からは、かつての江戸城一橋大奥における御年寄の権威も権力もほとんど失われていたとみてよい。

さらに、女中たちの権力・権威は目に見えるかたちでも剥ぎ取られた。七月六日には、「役女を初一同髪形下町風に明七日より相改へく」命じられた。大奥女中に限らず身分制社会にあっては、衣服や髪形は重要な身分標章であり[38]、その変更は身分的変更を意味するものと解釈できる。したがって、ここで女中たちが江戸城一橋邸での髪形を強制的に「下町風」に改めることは、大奥女中としてのステイタスを消失させられ、「只の婦女」に位置づけ直されることにほかならなかった。

なお、その二か月後には、剃髪女中や隠居女中など現役を退いている者たちへも、改革の荒波が寄せてきた。将軍家などと同様、奥奉公をした女中のなかで、主人の死後剃髪した女中や永年奉公をし、退職・隠居した女中には、一生の間手当てや年金を支給していたが、それが大幅削減となったのである。

四　下婢名称の登場と増加

一八七二（明治五）年になると、女中たちに再び改革の嵐が押し寄せてきた。七月には、「旧弊」「先規御仕来り」を打破するという大義名分のもと、女中たちの職域は上下不分明となった。すなわち、「何方様御付与申名儀御廃止」となり、「御膳部扱方ヲ始、日々御掃除其外諸事之義、御側同並之差別なく」「相勤」め、「身分の高下ニ不寄　方々様御用向諸事相互助合相勤」め、「御側並女中」は「是迄御次ニ而扱候御用向等」も勤めるべきとされたのである。「御側頭」四人は「御女方様御用」はもちろん、「御錠口御用を始諸御用談筋、同役無差別」取り扱うべきとされた。「内務男子向江引合等」につき、今後は「平御側」も応対が許された[39]。

女中たち全員が「綿服着用勝手次第」となったことの影響も大きかったであろう。既述のように、衣服や髪形は重要な身分標章であり、高級絹織物が大奥女中の日常着であったことを考えれば、この変化はドラスティックといってよいものであった。「只の婦女」への変更は、着実に進行していた。

また、同じ月、「役女」と「御次」が廃止され、従来「部屋方」と称されていた者たちは、以後「下婢」と呼ばれることになった[40]。江戸期にあっては、「部屋方」も含め、女中と呼ばれており、「下婢」との接点はまったく存在しなかったが、公的・政治的空間から退却した一橋家には、やすやすと下婢が「侵入」できたのである。

一八七三年一〇月には、また「御家政向御改革」ならびに「御人減らし」が行われた[41]。この時「御側頭」が廃止され、代わりに「御側弐等」という職名が与えられた。給金等の変更はなかったものの、「頭」がはずされたことでより一層下への平準化が進んだことがわかる。「御側」は従来通りであったが、「御側並」は「下婢」と呼ばれることになった。少なくとも江戸期において、「御側並」は「部屋方」すなわち又者でないことは確かであった。又者でない彼女たちにもここで「下婢」名称が付せられたのである。一橋邸において女中と下婢の境界は入り乱れあいまいになった。

この間も「御改革御人減ニ付御暇」を命じられる女中がかなりの数にのぼっていた。

一八七六（明治九）年一一月に、一橋徳川家は、小石川から本所錦糸町へ居を移した。同家の女中の数はみるみる減っていったが、それに反比例するかのように下婢の採用は増えることになっ

表2　一橋徳川家の御側女中採用状況（明治8年以降）

名前	宿元	出身地	奉公期間（年号：明治）
りう　※	遠藤平兵衛娘	東京	8年7月-8年9月
千代	藤井清助妹	東京	9年5月-10年7月
まさ	魚問屋篠田平兵衛娘	東京	11年6月7日-11年6月17日
和歌	士族外山信近二女	東京	11年7月-12年10月
千代	城所利兵衛養女	東京	11年11月-12年4月
千代	東京府士族岡村師吉娘	東京	12年10月-

「僕婢御抱入歳月留」（一橋徳川家文書、茨城県立歴史館蔵）より作成。
※　明治12年4月より再勤

た。「僕婢御抱入歳月留」[42]により、一八七五（明治八）年から一八九二（明治二五）年までの間をみてみると、女中については、この間弐等御側の採用はなく、一八七五年に袖野（くが改め）、同じく一八七七年に増井（すま改め）が御側女中から昇格している[43]。御側女中についても、表2に示すように、この間六人が採用されただけである[44]。

これに対し、下婢の採用状況を示したのが、表3である。一八七五年から一八九二年までに二五人が採用されたことがわかる。勤務年限にそれほどの差はないが、女中の採用が頭打ちとなったのに対し、下女の場合コンスタントに後任者の採用を行っている。これは、おそらく同家の家計状況とも関係している。給金に大きな差が見られるからである。

女中には、二通りの給金系列があり、一つは、一か年給金五〇両・塩噌代金九両・御手当金一〇両・白米一人扶持・薪代一日銀三分五厘、他は、一か年給金二〇両・塩噌代金九両・白米一人扶持・薪代一日銀三分五厘である。前者の採用時期が、一八七二年以降であることから、あるいは当時の物価にスライドさせたこと

表３　一橋徳川家の下婢採用状況（明治８年以降）

名前	宿元	出身地	奉公期間（年号：明治）
こま	横田清兵衛妹	東京	8年4月-9年5月
しゅん	平民金田仁右衛門二女	東京	8年9月3日-8年9月6日
みつ	平野平助七女	神奈川	8年9月-8年10月
たけ	林伊三郎長女	東京	8年9月-9年11月
たか	士族平井幸蔵娘	東京	9年11月-10年8月
りう	東京府士族大熊高信長女	東京	9年11月-10年10月
はる※	須藤昌輔妹	東京	10年2月-22年4月
とね	織茂安兵衛二女	相模	10年10月20日-11月27日
ちか	橋本松四郎二女	相模	10年8月-11年3月
こよ	石田庄左衛門三女	神奈川	10年11月-12年7月
きの	平民鈴木岩五郎長女	東京	11年3月-11年10月
こと	埼玉県士族細井佐平太長女	埼玉	11年10月-13年9月
千代	宮内定次郎二女	栃木	12年7月5日-12年10月26日
きく	茨城県士族美濃浦国吉妹	茨城	12年10月-
りう	東京府士族大熊高信長女	東京	13年9月-
加藤かん	千葉県農加藤新蔵妹	千葉	13年9月-18年4月
須藤あき	東京府平民須藤昌輔長女	東京	15年10月-20年2月
金子せん	平民金子与惣次郎	東京	19年11月-21年8月
小林はな	平民小林熊次郎長女	東京	20年3月-21年4月
小幡いせ	千葉県士族小幡連長女	千葉	21年4月-22年6月
浅見りか	農民浅見りう二女	千葉	21年11月-22年10月
黒沢みつ	平民農黒沢輝吉次女	群馬	22年4月-
片山ろう	寄留農片山安蔵四女	東京	23年2月-
木越しづ	士族木越近三長女	千葉	23年2月23日-23年4月21日
高嶋けい	士族高嶋禄八郎叔母	東京	22年10月-23年3月
鷲頭よね	東京府士族鷲頭幸隆姉	東京	23年4月-
瀬尾とき	東京府士族瀬尾郡道長女	東京	23年7月-
豊浦とよ	平民豊浦ノブ四女	千葉	25年3月-

「僕婢御抱入歳月留」（一橋徳川家文書、茨城県立歴史館蔵）より作成。
※　明治15年よりお茶ノ間格

も考えられる。

下婢の場合は、一か年給金五両・塩噌代金三両・御手当金二両・白米一人扶持・薪代一日銀三分五厘であった。これでは、女中一人で下婢四人を雇用できる計算である。家政改革の連続のなかで、これも一つの合理化であった。

女中と下婢の間には、出身階級・階層の違いはあったのだろうか。弐等御側や御側女中は、士族出身が大半を占めている。これに対し下婢の場合、士族のほか平民出身者がかなり見受けられるようになる。士族、平民入り混じっての採用であるところが興味深い。

しかしながら、「僕婢御抱入歳月留」の検討の結果みられる最大の特徴は、女中も下婢も「僕婢御抱入歳月留」に一括して記入されていた点ではないだろうか。行論で縷々指摘したように、江戸期の「女中帳」「女中分限帳」での女中といえば、上臈になる公家の女性や武家の女性にほぼ限られ、それは幕藩領主階級の作成になる文書であった。それが、明治期には、農村出身も含む下婢と同じ帳簿に記載され、大枠で「僕婢」範疇に入ってしまったのである。かつ、居住空間も公的空間ではなく下婢と同じ私的空間での奉公である点も、江戸期とは異なる特徴であった。したがって、激変したのは下婢ではなく女中であり、女中が下婢の位置に降ろされてしまったのである。そのことは、「僕婢」の「僕」のほうすなわち男性奉公人と比較すればより明確になる。

「明治八年正月調」と書かれたこの帳面には、女性とともに男性使用人も含まれる。男性使用人は、仲番、御門番、御料理人、御別当、作男、小遣いの六分類であり、大半は、農村出の者たちであった。

すなわち、この「僕婢御抱入歳月留」には、江戸期以来の一橋家の家臣であり男性使用人の中核である家令、家扶、家従等は一切含まれていないことになる。彼らは、明治期においても農村出身の下級使用人とははっきりと別扱いされていたのである。武士身分が解体しても、一橋家旧男性家臣であった家令、家扶、家従は、農村出身使用人と同様の位置に、すなわち下への平準化に向かうことはなかったのである。

おわりに――敗者復活戦から外されて

一橋家女中にみられるように、明治維新は、女中たちから、公的・政治的性格を急速に剝ぎ取っていった。私的空間での「只の婦女」としての奉公は、女中の地位の下への平準化に直結するものであった。そのなかで一八七二（明治五）年に、従来の部屋方は「下婢」という呼び名に代えられ、翌年には部屋方でない女中の一部にもその名が付けられるにいたった。ここに、女中と下女は急速に接近し、境界は重なりはじめた。

女中たちが、自らのステイタスの急降下に対抗するには、お暇すなわち退職する以外に道はありえなかった。明治維新後一橋邸でお人減らしが絶間なく続く一つの理由はそこにある。ただし、彼女たちは、退職したからといって、新しい職場を開拓していこうという意欲に満ちていたわけではなかった。というよりは、意欲を湧き立たせるべき道が開かれていなかったというほうが正しいだろう。同じ境遇の旧家臣団の男性たちが、たとえ敗者復活戦にしろ、維新以後さまざまなコースに必死に挑んでいったのとは対照的であったと言わねばならない[45]。既述のように、下女の代替名称として女中という呼び方が一般化するのは大正期になってからであるが、明治維新後の敗者復活戦に加わることを拒否され、それゆえに維新後私的空間にわずかながら存続した女中たちの下への平準化が、この名称代替化を可能にしたといってよい。こうして、かつて江戸の町娘たちが憧れた女中とは似ても似つかぬ女中たちが、一九二〇年代から五〇年代にいたる日本社会に出現することになったのである。

註

1　南和男「江戸の公事宿」上下（『国学院雑誌』六八巻一・二号、一九六七年）参照。
2　中央大学百年史編集委員会専門委員会編『中央大学百年史』通史編上（中央大学、二〇〇一年）参照。
3　尾高煌之助「二重構造」（中村隆英・尾高煌之助編『日本経済史』第六巻　岩波書店、一九八九年）一三六―一四五頁。
4　奥田暁子「女中の歴史」（奥田暁子編『女と男の時空――日本女性史再考』V藤原書店、一九九五年）、清水美知子『〈女中〉イメージの家庭文化史』（世界思想社、二〇〇四年）参照。
5　野本京子「家事労働をめぐる『主婦』と『女中』」（大口勇次郎編『女の社会史』山川出版社、二〇〇一年）、清水前掲書参照。

6　宇多源氏、羽林家、江戸時代の家禄二百石。

7　鷹司輔信の娘八重姫、一六八九（元禄二）年生まれ、一六九一年五代将軍綱吉の養女となり江戸に下向。一六九七年、水戸徳川家世子吉孚に入輿、一七〇九（宝永六）年、吉孚死去（享年二五歳）により、八重姫は落飾し養仙院と号する。吉孚との間に生まれた美代姫は、吉孚弟水戸四代藩主宗堯の簾中となる。御守殿としての養仙院の御付女中は、将軍家から伴なっており、女中人事は幕府の管轄下にあった。したがって、『女中帳』に記されているのである（『徳川実記』六、吉川弘文館、一九七六年。『徳川諸家系譜』第一・第三、続群書類従完成会、一九七〇・七九年）。

8　養仙院付用人である（『柳営補任』四、東京大学出版会、一九八三年）。

9　註8に同じ。

10　御留守居大久保下野守忠位（『柳営補任』一）。

11　養仙院は、一七四六（延享三）年死去、法名が随性院（『徳川実記』六、『徳川諸家系譜』第一・第三）。

12　三田村鳶魚『御殿女中』（青蛙房、一九六四年）参照。

13　大口勇次郎『女性のいる近世』（勁草書房、一九九五年）、増田淑美「吉野みちの生涯――その手紙を通して」（近世女性史研究会編『江戸時代の女性たち』吉川弘文館、一九九〇年）、畑尚子『江戸奥女中物語』（講談社、二〇〇一年）参照。

14　長野ひろ子「幕藩制国家の政治構造と女性」（近世女性史研究会編『江戸時代の女性たち』吉川弘文館、一九九〇年）。

15　長野前掲論文、柳谷慶子「仙台藩伊達家の『奥方』――七代重村の時代を中心に」（大口勇次郎編『女の社会史』山川出版社、二〇〇一年）参照。

16 長野前掲論文。
17 長野ひろ子『幕藩制国家の経済構造』（吉川弘文館、一九八七年）第二編第三章参照。
18 同前。
19 林玲子『江戸店犯科帳』（吉川弘文館、一九八二年）、同『江戸店の明け暮れ』（吉川弘文館、二〇〇三年）参照。
20 長野ひろ子「『誹風柳多留』のディスクール——ジェンダー・階級・身分」（黒田弘子・長野ひろ子編『エスニシティ・ジェンダーからみる日本の歴史』吉川弘文館、二〇〇二年）。
21 『誹風柳多留』は二四篇までが初代川柳評で、一七六五（明和二）年から一七九一（寛政三）年にかけて刊行された。（柳九）は、『誹風柳多留』九篇の略。
22 「御守殿」とは、本来は、将軍息女の嫁ぎ先の住居を指すが、ここでは、高い職階の女中を意味している。
23 七代将軍家継の生母月光院付の御年寄として大奥で権勢を誇った絵島は、将軍家代参の帰途、同行の女中たちと木挽町山村座で芝居見物をし、人気役者生島新五郎たちと遊興に耽り、帰城時刻が遅かったことなどが発覚し、信州高遠藩へ永預けとなった。絵島は、高遠の囲み屋敷で二七年間を過ごし、六一歳で没した。第四章で詳述。
24 『誹風柳多留拾遺』も、初代川柳評を中心とした句集である。
25 岡田甫『川柳末摘花詳釋』（有光書房、一九七七年）より引用。
26 長野ひろ子「農村における女性の役割と諸相」（女性史総合研究会編『日本女性生活史』第三巻、東京大学出版会、一九九〇年）、「日本近世農村におけるマスキュリニティの構築とジェンダー——集団化・組織化と権力作用をめぐって」（桜井由幾・菅野則子・長野ひろ子編『ジェンダーで読み解く江戸時代』三省堂、二〇〇一年）参照。
27 詳細は、長野ひろ子『日本近世ジェンダー論』（吉川弘文館、二〇〇三年）第一部第三章を参照されたい。
28 誠順院は、一橋家五代斉位廉中、第一一代将軍家斉の娘である。徳信院は七代慶寿廉中で、伏見宮家から輿入れしている。慶喜簾中は、一八五五（安政二）年に輿入れした一条家の養女美賀子である（『徳川諸家系譜』第一・第三）。

29　松尾美恵子「江戸幕府女中分限帳について」（『学習院女子短期大学紀要』三〇号、一九九二年）によれば、幕末嘉永年間の大奥女中人数（部屋方を含まず）は、一三代将軍家定付一八五人、家定御台所付（後の天璋院）六〇人、本寿院付（家定生母）四一人などとなっている。

30　「御簾中様一橋御広敷ニ被為在候御用留」（『一橋徳川家文書目録』C三―四七、茨城県立歴史館蔵）以下、『一橋徳川家文書目録』については、目録番号のみ記すことにする。

31　「御簾中様御続書」（A一―三六）

32　「日記　番頭御用人」（B一―六〇四・六〇五）

33　「日記　番頭御用人」（B一―六二五）、「（一橋廃藩一件）」（C一―一三一）

34　「御残置人名記」（D一―一二）、「日記　家扶」（B一一―一・四）

35　「諸控」（C七―九）

36　特に註記しない限り、ここでは「女中向諸届諸断留帳」（I一―一一〇）による。

37　三田村前掲書、高柳金芳『江戸城大奥の生活』（雄山閣、一九八一年）参照。

38　三田村前掲書。

39　「女中向諸届諸断留帳」（I一―一一〇）

40　同前。

41　同前。

42　I二―五四

43　袖野は一八五三（嘉永六）年、増井は一八四六（弘化三）年にそれぞれ採用されている。

44　「女中向諸届諸断留帳」によれば、一八八四（明治一七）年における一橋徳川家の御付女中席順は、袖野、増井、福多、うめ、りうの順となっている。袖野と増井は註43のとおりである。福多は、一八四九（嘉永二）年に採用され、弐等御側である。うめは、御側女中であり、一八八七（明治二〇）年、勤続五〇年をもって退職している。りうについては、表2を参照されたい。

45　維新政府は、旧武士階級に限らず男性たちに、程度の差はあれ「立身出世」の道を開きはじめた。武士身分の解体により一旦は敗者となった旧武士層の男性は、その後公的・政治的領域への進出などさまざまなライフコースを歩んでいったことが近年の研究により明らかになっている。「敗者の明治維新」は、男性たちにおいては多種多様であるところにむしろ特徴がある。石光真人『ある明治人の記録——会津人柴五郎の遺書』（中央公論社、一九七一年）、高木俊輔『それからの志士』（有斐閣、一九八五年）、五十嵐暁郎「旧幕臣の明治維新」（岩波講座『日本通史』第一六巻、岩波書店、一九九四年）、明治維新史学会編『明治維新の人物と思想』（吉川弘文館、一九九五年）、落合弘樹『秩禄処分——明治維新と武士のリストラ』（中央公論社、一九九九年）、宮地正人編『明治維新の人物像』（吉川弘文館、二〇〇〇年）、磯田道史『武士の家計簿——「加賀藩御算用者」の幕末維新』（新潮社、二〇〇三年）、家近良樹『その後の慶喜——大正まで生きた将軍』（講談社、二〇〇五年）。

第二章

江戸幕府の財政システムとジェンダー

——寛政改革から幕末期までの奥向き支出

はじめに

本章では、江戸幕府の財政および財政システムのなかでの大奥の位置づけを明確にしたうえで、近世後期から幕末期までの奥向き支出について分析し、幕末期の和宮降嫁政策への財政支出が、幕藩制国家の特質とどのようにかかわり、どう意味づけられるのかを解明することが課題となる。江戸幕府の財政に関する研究は、戦前から一定のまとまった研究があり、戦後は、関係史料の渉猟を伴いつつ、大山敷太郎・古島敏雄・大野瑞男・大口勇次郎・和泉清司・飯島千秋ほかの諸氏によって研究が進展してきた[1]。これらの諸研究ならびにその過程において順次発見されてきた諸史料に依りながら、課題への接近を試みたい。

一　幕府財政システムと「表」・「奥」

江戸時代に、公的・政治的機能をもつ将軍家・大名家の居城において、将軍・大名とその家族、彼らに仕える女中たちが居住し奉公していた空間は「奥」と称され、男性家臣の奉公する「表」とは峻別されていた。この「表」と「奥」の分離が、近世的ジェンダーの成立・確立において果たした役割については、一九九〇年代以降研究が重ねられ、その重要性と意味づけが明らかになった[2]。ここでは、幕府における「表」と「奥」の分離が幕府の財政システムとどう関わっていたのかを検討してみたい。

幕府財政の財源にはさまざまあるが、その基本は幕領からの年貢収入である。幕領年貢の納入形態には、現物納と石代納（金銀納）があり、そのことから、幕府財政収支も米方と金方（貨幣方）にわけられていた。まず、「当申年御入用積書付[3]」という幕府財政予算書から手がかりをつかんでいくことにしたい。この予算書の作成年月は、一七八八（天明八）年、作成者は、久世丹後守・久保田十左衛門・村垣左太夫・高尾惣十郎の四名である。作成者のうち、久世と久保田は勘定奉行、村垣と高尾は勘定吟味役の職にあった。

以下は、一七八八年、米方・金方の経常費としての歳入・歳出を、項目ごとに示したものである。[4]

A　米方歳入　四七万九四〇〇石

①　御物成小物成　五二万一六〇〇石

②　諸向納　三〇〇〇石

③　去未年御遣方不足之内同年繰越御遣方ニ成候分引之　四万五二〇〇石

B　米方歳出　四七万二八〇〇石

①　三季御切米御役料渡　二二万三三〇〇石

②　定御扶持方　七万六九〇〇石

③　御女中様方御合力比丘尼衆惣女中御切米御扶持方　五一〇〇石

④　二条大坂駿府在番加番御合力　四万七五〇〇石

⑤　甲府勤番並地役人御切米御扶持方　七四〇〇石

⑥　二条大坂大津駿府地役人御切米御扶持方　三万五〇〇〇石

⑦　駿州清水御囲米去未年米を以詰替候分　三〇〇〇石

⑧　諸向渡　六万二四〇〇石

⑨　禁裏御所向炎上ニ付御取替米　五〇〇〇石

⑩　禁裏御所向炎上ニ付御普請入用等凡積　三〇〇〇石

⑪　京都町々類焼に付町方江被下候夫食米　一二〇〇石
⑫　品々臨時御入用凡積　三〇〇〇石

C　金方歳入　八一万四六〇〇両
①　御物成小物成　六六万四一〇〇両
②　大坂諸川船関東川船其外品々運上　六六〇〇両
③　寄合並小普請御役金　二万一〇〇〇両
④　弐朱判並通用銀吹立納　四万一八〇〇両
⑤　諸向納　一八万八八〇〇両
⑥　去未年御遣方不足之内同年繰越御遣方ニ成候分引之　一〇万七七〇〇両

D　金方歳出　九四万一三〇〇両
①　三季御切米御役料渡　三八万三七〇〇両
②　甲府勤番並地役人御切米御役料　一万二七〇〇両
③　二条大坂在番加番御合力　七万一六〇〇両
④　御女中様方並比丘尼衆惣女中御合力御切米　一万八二〇〇両
⑤　元方御納戸　一万四九〇〇両

⑥　払方御納戸　九六〇〇両
⑦　御賄方　二万三四〇〇両
⑧　御作事方　五八〇〇両
⑨　小普請方　九〇〇〇両
⑩　御材木方　二〇〇〇両
⑪　御細工方　三四〇〇両
⑫　御畳方　四六〇〇両
⑬　川除御普請御入用　九九〇〇両
⑭　御廻米駄賃運賃　五万五〇〇〇両
⑮　御代官江被下候諸費用　二万三六〇〇両
⑯　諸向渡　二三万一八〇〇両
⑰　蓮池御封印御蔵江可入分　二万両
⑱　新御除金　三万六六〇〇両
⑲　寺社御修復金　一〇〇〇両
⑳　御年貢金之内より御除金ニ可仕分　四五〇〇両

一七八八（天明八）年の場合、経常費において、米方は六六〇〇石の黒字、金方は一二万六七〇〇両の赤字であった。ここでは、行論上、米方・金方ともに歳出項目を中心にシステム上の特徴を指摘しておこう。

第一に、「奥」の女性たちへの支給分については、米方・金方ともに他と明確に区別されていたことである。すなわち、B—③とD—④がこれにあたり、いわゆる又者（部屋方）を除く大奥女中衆が対象となっている。前将軍の側室であった女中などで剃髪した者にも支給されていたことは、「比丘尼衆」という記載から明らかである。幕府では、三〇年以上奉公した女中については、「取来候御切米御合力金之内多き方と、御扶持方右両様一生之内被下候」[5]ことと定められており、このいわゆる一生扶持も該当する。また、将軍代替わりはもちろん、仕えている主人の死去の際などに、女中は暇をもらうことができた。その際の褒美金や一生扶持も含まれていよう[6]。

第二に、「表」の男性家臣については、老中職の大名はもとより知行地を宛行われていた上中級旗本などは、この歳出の枠からはずれていたことである。幕府直臣団としての旗本・御家人ら男性への支給分は、B—①、B—②、D—①がほぼそれにあたるが、彼らは、蔵米取、扶持取と称される下級旗本と御家人であった。権力中枢空間としての江戸城にあって、「表」の老中と「奥」の老女は同格とされていた。しかしながら、石高の圧倒的差に加え、幕府財政システムにおいても異質であることは明らかであり、その意味でジェンダーの非対称性は際立っていた。

第三に、将軍家の家産的支出については、D—⑤、D—⑥、D—⑦、D—⑧、D—⑨、D—⑩、D—⑪、D—⑫のかなりの部分を占めていたことが指摘されている。これらは、賄方や御納戸をはじめとする城内八カ所経費と呼ばれるものであるが、システム上、「表」「奥」の明確な分離はなされていなかったことになり、将軍家の家産部分と行政経費が未分化のまま維持されていたことになる。

第四に、一生奉公でありながらも一代限りとされた大奥女中の俸禄であるが、御年寄衆など職階上位の女中にあっては、男子を養子として相続が許される場合があった。いわゆる女人養子である。ただ、相続人は男子であることにより、システム上は、「表」としてのB—①、B—②、D—①へ移行することになったのである。

第五に、B—③とD—④に見られるように、大奥女中衆の俸禄・扶持が明確に分離していた場合、政策担当者が彼女たちへ何らかの政策を行おうと意図した時に、比較的ターゲットにしやすいという幕府財政システム上の特徴が指摘できることである。実際に、幕府財政政策の展開において、そのような動きは一度ならず見られている。

以上の特徴から、「表」と「奥」の分離が、幕府財政システムを大きく規定していたことが明確となった。換言すれば、幕府財政システムは、近世的ジェンダー（秩序）と不可分に構築されていたのである。

幕府財政へのジェンダー・アプローチには多様な方法が考えられるが、本稿では、確立した幕府財政システムにおいて、財政政策と政策主体のジェンダーに関し検討を加えたい。分析対象としては、寛政改革を遂行した松平定信を取り上げるが、その事由として、『楽翁公傳』[7]の一節を以下に引用しておこう。

公が幕府の内部に倹約を励行して能くその目的を達せられたるは、主として大奥即ち後房の権勢を抑圧して、殆ど政治に一指を染めざらしめたるに因れり。

『楽翁公傳』は、渋沢栄一を著者として一九三七年に上梓され、定信の治世や事績を包括的に論じた書物として知られている[8]。同書によれば、定信が倹約令を励行させ成果を挙げ得たのは、大奥の権勢を抑圧し政治から排除することに成功したからだというのである。同書はさらに以下のように続けている。

初め公が財務管理の全権を委任せらるゝや、即日自書を大奥に贈りて倹約の励行を促されしかば、大奥はこの先例なき指令に接して一驚を喫し、その厳烈なる威権に慴伏したり。元来大奥の年寄は、表役人たる老中と、ほゞその格式を同じうし、双方応対の際と雖も敢て譲ることなく、将軍の寵を恃みて、己れの意に適はざる者を讒誣することあり。賢明なる将軍吉宗公すら頗るその制御に苦しまれし程なれば、老中は皆大奥を憚り、寧ろその歓心を迎ふるに努めたり。田沼意次の如きはその執政の間、毎日自邸に山積する贈物の半ばを大奥に運びたりと称せらる。公は夙に大奥の跋扈が政務の禍根たるを知り、近くは意次の専横放恣が、大奥との結託に因ることを認め、断乎としてこの弊風を廓清せんことを期せられし……

定信が、大奥に対し倹約の励行を指示した際、大奥は「一驚を喫し」たが、「その厳烈なる威権に慴伏した」という。それまでの幕政においては、賢明な八代将軍吉宗ですら大奥の制御に苦労したほどであり、「表」の老中たちは皆、大奥を憚り、むしろその歓心を迎えることに努めてきたというのである。このように、田沼意次を典型として「大奥の跋扈が政務の禍根」となっているとの認識をもつ定信は、「断乎としてこの弊風を廓清せんことを期」し倹約令を発したことになる。とするならば、寛政改革は、大奥女性の政治への関与を排除すべきだという政策主体（松平定信）のジェンダー意識が、財政政策を通じて断行されたとみることもできそうである。

では、寛政改革において、大奥へはどの程度倹約令が貫徹していたのだろうか、次節で検討していこう。

二　寛政改革と奥向きへの支出

寛政改革での奥向きへの支出を把握するまえに、比較の意味で、それ以前の幕府財政における奥向き支出の特徴をみておきたい。ここでは、貞享年間と享保年間の場合をみておこう。前者は、「貞享三年御入用払高積書」を素材とする。この史料は、紹介された藤田覚氏によれば、一六八六（貞享三）年に幕府の払方御金奉行が、その管掌する支出について御留守居役に報告した記録である。[9]総額で三九万両余となるが、ここには、二条・大坂・大津・駿府入用金ほか在々入用金が含まれておらず、それらを加えると、一六八六（貞享三）年の金方総支出は四七万両余となる。

この年の奥向きへの支出は、「御奥方御入用」一万八六八四両二分、同じく「御奥方御入用」ではあるが「桂昌院様・御台様・千代姫様・御袋様江被為進候、御老中御裏判在之分」と指定された分二五〇〇両一分余、「奥方御合力金」として「仙光院殿永好院惣女中衆並三之御丸女中衆・西之御丸比丘尼衆江渡、御老中御裏判在之分」とある分四九六七両、合計で二万六一五一両三分である。これは、金方総支出の五・五パーセントを占める。この時期は、五代綱吉時代の前期であり、「天和の治」と称される。この頃すでに幕府は財政難に陥ってしまい、綱吉時代の後期元禄期には貨幣改鋳に着手することになるのである。

続いて、八代吉宗の享保改革期を取り上げる。史料として、一七三〇（享保一五）年二月勘定方より勝手方老中水野忠之へ提出した「当戌年御遣方大積書付」[10]を使用する。これは、一七三〇年の幕府総収支予算書と推定されている。ここでも、歳出の奥方支出をみると、金方では「御女中様方御合力」三万七五〇〇両余、「女中御切米金」二万一八〇〇両余、合わせて五万九三〇〇両余となり、米方では、「御女中様方御合力・女中御切米御扶持方」として一万一五〇〇石余が計上されている。この年の総支出予算額は、金方が七三万八三〇〇両余、米方が五二万二〇〇〇石余であったから、奥方支出は、総予算のそれぞれ八・〇パーセント、二・二パーセントであった。

幕府歳入の基礎としての幕領では、総石高が一八世紀以降ほぼ四〇〇―四五〇万石を推移するなか、収入は一八世紀半ばをピークに減少に転じる。他方、財政支出は一八世紀後半の田沼政権期にいたっても増加の一途をたどり、松平定信が老中首座に任ぜられた一七八七（天明七）年六月には、幕府財政は危機的状況に陥っていた。定信は、これに対し各方面へ徹底した倹約令を命じ、みずからも率先垂範した。そのなかで、大奥での経費削減にも力を注いでいく[11]。

さて、表4は、享保期から天保期までの幕府歳出の推移をほぼ一〇年毎の平均値として示したものであり、表5は、そのうちの一七八五（天明五）年から一八二〇（文政三）年までの各年の歳出高である。表4では、平均値としては、一七六〇年代から金方歳出を中心に増加傾向をたどり、一七九〇年代にいったん減少するが、

表4　享保期～天保期の幕府財政収支（10か年平均）

年	歳入		歳出	
	米方（石）	金方（両）	米方（石）	金方（両）
享保7～享保16（1722～1731）	653,860	869,468	618,206	741,911
享保17～寛保1（1732～1741）	763,489	1,579,813	714,914	1,205,294
寛保2～宝暦1（1742～1751）	802,713	1,606,104	727,119	1,190,542
宝暦2～宝暦11（1752～1761）	767,318	2,074,435	749,037	1,114,081
宝暦12～明和8（1762～1771）	703,171	1,686,423	724,935	1,643,299
安永1～天明1（1772～1781）	629,819	1,820,602	658,775	1,571,517
天明2～寛政3（1782～1791）	613,035	1,933,045	575,083	1,893,769
寛政4～享和1（1792～1801）	617,000	1,235,208	600,634	1,246,492
享和2～文化8（1802～1811）	617,710	1,403,977	605,064	1,444,632
文化9～文政4（1812～1821）	566,033	2,153,193	573,677	2,227,608
文政5～天保2（1822～1831）	521,296	3,057,237	538,537	3,029,301

出所：「御年貢米外諸向納渡書付」「御年貢金其外諸向納渡書付」（「江戸実情誠斎雑記」『江戸叢書』8巻）より作成。
辻達也・松本四郎「「御取箇辻書付」および「御年貢米・御年貢金其外諸向納渡書付」について」（『横浜市立大学論叢』15巻3号、1964）参照。

一八一〇年代から再び増大に転じていくという特徴がわかる。表5は、減少に転じた時期に絞って各年の数値をみたものであり、ここから、松平定信の老中首座としての在職期間ならびに松平信明らいわゆる「寛政の遺老」が引き継いだ寛政・文化年間が、最も歳出高の少ない時期であったことがはっきりする。[12]

では、この間の奥向きへの支出状況はどうだったろうか。前節で例示としてあげた一七八八（天明八）年の「当申年御入用積書付」は、定信政権初期に作成された幕府財政予算書である。これを

表5　幕府歳出（天明5～文政3）

年	米方（石）	金方（両）
天明5（1785）	605,481	1,870,586
天明6	627,310	2,199,611
天明7	448,437	2,401,891
天明8	510,845	1,588,145
寛政1	475,529	1,633,166
寛政2（1790）	482,241	1,428,203
寛政3	563,268	1,227,721
寛政4	643,593	1,396,218
寛政5	476,035	1,124,157
寛政6	485,159	1,173,060
寛政7（1795）	524,779	959,682
寛政8	632,960	1,025,662
寛政9	636,370	1,347,153
寛政10	625,939	1,238,628
寛政11	619,054	1,331,273
寛政12（1800）	686,828	1,428,248
享和1	675,632	1,440,847
享和2	624,529	1,395,503
享和3	642,015	1,215,634
文化1	603,386	1,265,656
文化2（1805）	654,598	1,270,827
文化3	583,161	1,442,106
文化4	548,877	1,491,993
文化5	598,679	1,677,594
文化6	630,258	1,518,967
文化7（1810）	526,810	1,698,712
文化8	638,334	1,469,336
文化9	599,495	1,249,553
文化10	575,137	1,981,801
文化11	552,269	1,254,153
文化12（1815）	539,686	1,688,483
文化13	549,625	1,579,630
文化14	570,163	1,577,495
文政1	545,127	2,137,343
文政2	589,205	2,428,254
文政3（1820）	593,401	3,505,958

出所：表4に同じ。

みると、明示的に奥方への支出とみなせるのは、B―③とD―④である。すなわち、米方歳出総計四七万二八〇〇石のなかで「御女中様方御合力比丘尼衆惣女中御切米御扶持方」として五一〇〇石、金方歳出総計九四万一三〇〇両のなかで「御女中様方並比丘尼衆惣女中御合力御切米」として一万八二〇〇両を計上している。割合では米方が一パーセント強、金方が約二パーセントを占めている。なお、これは予算書かつ臨時支出を除いた分であり、表5の数値とは差が生じている。

ところで、天保改革に辣腕をふるった老中首座水野忠邦が一八四三（天保一四）年九月に失脚し、代わって老中首座となった土井利位は、同年一二月に財政改革令を発し、勘定方に支出削減計画を命じている[13]。その時作成された「取調書」のなかに、「奥方惣御入用」の享保期（一七二八―一七三二）、宝暦期（一七五九―一七六三）寛政期（一七八九―一七九三）の各平均値と一八一四（文化一一）年の支出状況が書かれてある[14]。これによると、金方の場合享保期は六万三二七五両、宝暦期は三万二〇五二両、寛政期は二万六二〇二両、文化一一年は四万四九九四両であった。このことに鑑み、幕府としては、「寛政度は、西丸御開殿以前に付、文化度之引当減方取調仕候儀御座候」との考えから、一八四二（天保一三）年の「奥方惣御入用」支出七万五三七一両から三分の二に減じ五万二四七両に削減する計画を立てている。この「奥方惣御入用」は、具体的には「御合力御手当御召物女中諸家附女中御合力御切米金　御守殿御住居七ケ所御合力金其外共」となっている。これらのデータから、松平定信の主導した寛政改革は、全体の歳出同様、奥向きへの支出においても、一八世紀から一九世紀前半の幕政史上最も支出削減が行われた時期であったことが明らかとなる。同時に、寛政改革以降、特に文政年間からは奥向き支出が大幅に増加していたこともはっきりする。

では、その後の奥向きへの支出状況は、幕末期までどのような推移をみせていくのだろうか。次節では、天保末期老中首座土井利位の主導した財政改革を具体的に検討し、続いて幕末期の動向を把握していきたい。

三　幕末期奥向き支出の特徴

一八四四（弘化元）年は、土井利位の財政改革が実行に移された年である。この年の奥向き支出は、表6ならびに表7に示したように、米方は六九六四石、金方は定式分・別口分合わせて金八万一九五一両余・銀四一五貫余・銭五〇貫文余であった。表6備考欄に示したように、ここに列挙されている峯寿院・松栄院・盛姫・溶姫・晴光院・末姫・誠順院は、いずれも第一一代将軍家斉の娘で御三家（水戸家）、御三卿（一橋家）ならびに親藩、外様の大藩へ嫁いだ女性たちであり、広大院は家斉御台所である。将軍家から嫁いだ女性は、婚家の御守殿あるいは御住居と称する建物に大勢の女中を従えて引移るが[15]、引移り後も賄料から臨時入用にいたるまで幕府財政から支出されていたのである。また、家斉は、男子も御三家、御三卿ほか諸家へ婿養子に出している。表7にある「紀伊大納言・尾張源懿・民部卿附女中切米合力ほか」は、婿養子として引移る際連れて行く女中たちの切米合力ほか支出分ということになる。ここでの紀伊大納言とは、一八一六（文化一三）年、紀

表6　弘化元年（1844）の幕府奥向き支出（米方）

費目	支出（石）	備考
奥方合力、比丘尼衆・総女中切米扶持	6,308.00	
峯寿院合力米	131.25	家斉7女、水戸藩主徳川斉脩御簾中
松栄院合力米	87.50	家斉10女、越前藩主松平斉承室
盛姫合力米	87.50	家斉17女、佐賀藩主松平（鍋島）直正室
溶姫合力米	87.50	家斉20女、加賀藩主松平（前田）斉泰室
晴光院合力米	87.50	家斉24女、姫路藩主酒井忠学室
末姫合力米	87.50	家斉23女、芸州藩主松平（浅野）斉粛室
誠順院合力米	87.50	家斉25女、一橋斉位御簾中
計	6,964.25	

出所：「弘化元辰年米大豆納払御勘定」（「吹塵録」Ⅳ、『勝海舟全集』6巻、講談社、1977）、『徳川諸家系譜』1巻（続群書類従完成会、1970）より作成。

州徳川家へ婿養子に入った徳川斉順、尾張源懿とは、一八一三（文化一〇）年いったん田安家の婿養子となり、一八二四（文政七）年、田安家家督を継いだのち、一八二七（同一〇）年、尾張家を相続した徳川斉荘であり、二人とも家斉の男子であった。民部卿は、御三卿の田安家の出身で一八三八（天保九）年に一橋家を相続した一橋慶寿である。[16]

将軍家よりの降嫁を六代以降で辿ると、八代吉宗が仙台伊達家へ養女利根姫を、一〇代家治が万寿姫を尾張家、養女種姫[17]を紀伊家へとそれぞれ嫁がせているが、六代家宣、七代家継、九代家重の治世にはない。それに引きかえ、多くの子女を儲けた家斉の場合、子女の養子先や降嫁先を見つけることに腐心しなければならなかった。一八四四（弘化元）年、別口支出の大半は、広大院死去にともなう諸費用であるが、これら別口支出を除いた金方定式支出において、この「御方々様」支出の奥向き支出に占める割合は、五割近くに達

表7　弘化元年（1844）の幕府奥向き支出（金方）

費目	支出	備考
奥方合力	金 28,667 両 2 分、銀 100 貫 2 匁 5 分	定式
「御方々様」御小納戸用その他品々御入用	金 2,129 両 2 分、銀 73 貫 10 匁 4 分、銭 39 貫 640 文	定式
峯寿院合力金	金 3000 両	定式
松栄院合力金	金 3000 両	定式
盛姫合力金	金 3000 両	定式
溶姫合力金	金 3000 両	定式
晴光院合力金	金 3000 両	定式
末姫合力金	金 3000 両	定式
誠順院合力金	金 3000 両	定式
「御方々様」合力米のうち石代渡し	金 1,015 両 2 分	定式
「御方々様御召物」御用代	銀 123 貫 436 匁 1 分	定式
紀伊大納言・尾張源懿・民部卿付女中切米合力ほか	金 767 両 3 分、銀 17 貫 194 匁 1 分、銭 1 貫 228 文	定式
広大院増上寺参詣につき品々御入用	金 1,212 両、銀 9 貫 372 匁 6 分	別口
奥向き別段入用	金 8,492 両 1 分 2 朱、銀 36 匁 8 分	別口
峯寿院御納戸不足に付進ぜられ金	金 500 両	別口
峯寿院臨時入用	金 203 両 1 分、銀 1 匁 9 分	別口
誠順院御守殿模様替につき遣わされ金	金 1,463 両 1 分、銀 4 匁 9 分	別口
広大院葬送法事入用	金 4,553 両 2 分、銀 4 貫 575 匁 2 分、銭 9 貫文	別口
広大院遣わし金ならびに下され金	金 11,601 両 3 分、銀 42 貫 306 匁	別口
法事品々入用	金 345 両 2 分、銀 45 貫 360 目 6 分、銭 500 文	別口

出所：「弘化元辰年米大豆納払御勘定」（「吹塵録」Ⅳ、『勝海舟全集』6 巻、講談社、1977）より作成。

していたのである。このような状況は、幕閣や勘定方役人も十分承知していたとみられる。以下は、一八四三（天保一四）年、財政改革実施にあたって、勘定奉行戸川播磨守ら六名が連名にて老中へ提出した改革案からの引用である。[18]

凡そ寛政頃迄は米金元払先づは御不足無之様相整、文化に至御入用減は被仰渡候得共、追々御不足相立候に付、文政元寅年始而御金吹方被　仰付候儀に有之、右は　御方々様御繁栄に随ひ、御入用向諸渡物等品々相増、其外物価も引上、御出方連々相嵩無御拠訳柄に付、其都度々々吹替御貢納を以御繰合相な来候儀有之、去々丑年御改革被仰出候以来、当年迄御入用向追々御減方は相立候得共前書吹替之御益納を相除、差当去寅年分金之御収納を以、御入用に引当候得ば、凡一倍程之御出方増に相当、右割合を以見積候得ば向々是迄御入用高凡半減不仕候ては、惣体御取賄出来難仕候、

寛政期には財政収支は保たれていたが、次第に「御不足」がちになり、一八一八（文政元）年からは「御金吹方」すなわち貨幣改鋳による差益金に頼ることになってしまったと述べている。その第一の理由としてあげられているのが「御方々様御繁栄」なのであった。現在、歳出が歳入の倍にもなっている状態なので、歳出を半減しなければ財政は立ち行かないとの幕閣の認識であった。それゆえ、先述の削減計画を立てたのである。しかしながら、この削減計画がほとんど実現を見なかったことに

表8　文久元年（1861）の幕府奥向き支出（米方）

費目	支出（石）
奥方合力	4,629
溶姫合力米	175
末姫合力米	175
晴光院合力金	175
誠順院合力米	175
精姫合力米	175
本寿院合力米	87
計	5,591

出所:「文久元酉年米納払御勘定帳」（飯島千秋『江戸幕府財政の研究』史料編、吉川弘文館、2004）より作成。

ついては、一八四四（弘化元）年の収支決算書が示す通りである。

このような「御方々様御繁栄」等にもとづく奥向き支出の高止まり状況は、以後幕末期まで維持される。というよりは、幕末期に一層増大する傾向にあったというのが実態に近い。なぜなら、幕府大奥は、幕末政局における公武合体論の主張のなかで、そのシンボル的存在である和宮を迎えることになったからである。一八六一（文久元）年、秋のことである。

この和宮降嫁費用も含め、この年の奥向き歳出はどのような数値を示していたのだろうか。徳川宗家文書中にある「文久元酉年米納払御勘定帳」「文久元酉年金銀納払御勘定帳」により、一八六一（文久元）年の米方歳出からみていこう。表8の米方別口には奥向き支出はなく、定式のみであり、合わせて五五九一石であった。「御方々様」メンバーを一八四四（弘化元）年と比べると、溶姫・晴光院・末姫・誠順院が残っており、他に精姫と本寿院が加わった。精姫は一二代家慶の養女として久留米藩有馬頼成へ嫁いでいた。本寿院は、一二代家慶の側室、一三代家定の生母である。[19]一八五三（嘉永六）年、家慶の死去に伴い剃髪し本寿院と称していた。彼女は、第一四代家茂と和宮との婚儀に伴い、この年秋本丸大奥から二丸大奥に引き移っている。ただし、一三代家定御台所天璋院は、本丸大奥から動いていない。

一八六一（文久元）年、金方の支出を見ておこう。表9の定式の部から、「御方々様」の諸費用が一八四四（弘化元）年以上に増大していたことがみてとれる。また、和宮・天璋院・本寿院・実成院の四人について別途「御召物御用代」として銀六七四貫余が支出されている。実成院は、紀州藩主徳川斉順の側室、一四代将軍家茂の生母であり、天璋院同様、この時期本丸大奥に居住していた。徳川斉順は、表7では「紀伊大納言」として、表9では「紀伊顕龍院」として登場している。ほかに、「御手当金」を支給された徳信院は、伏見宮家に生まれた女性直子である。一八四一（天保一二）年、一二歳で一橋家七代慶寿の御簾中となり、一八四七（弘化四）年、慶寿の死去に伴い薙髪し徳信院と称していた[20]。慶寿は、既述のように表7の「民部卿」のことである。こうして、一八六一年奥向き定式は、金四万五九五九両余・銀九二〇貫余・銭六貫文に達していた。

さらに、別口の部では、和宮下向に伴う諸費用が多額にのぼっていたことがわかる。同時にそれに伴って、本寿院が本丸から二丸へ引き移ることになり、その費用が金一万八七四両余・銀一九貫余、また奥向きも「御方々様」もともに臨時入用が計上され、その結果、奥向き別口は合計で金一一万八五一八両余・銀六五〇貫余に達していた。これは、奥向き定式の二倍を超える額である。しかしながら、この数値は、和宮降嫁が幕末期の大きな政治問題となっていたことを考えれば、十分頷けるものであったろう。

表9　文久元年（1861）の幕府奥向き支出（金方）

費用	支出	備考
奥方合力	金21,120両、銀230貫目	定式
「御方々様」御小納戸御用その他品々御入用	金2,597両2分、銀10貫330目、銭6貫文	定式
溶姫合力金	金3,000両	定式
末姫合力金	金3,000両	定式
晴光院合力金	金3,000両	定式
誠順院合力金	金3,000両	定式
精姫合力金	金3,000両	定式
本寿院合力金	金3,000両	定式
実成院合力金	金800両	定式
和宮・天璋院・本寿院「御召物」御用代	銀540貫770目	定式
実成院「御召物」御用代	銀134貫40目	定式
紀伊顕龍院・尾張源懿元付女中切米合力ほか	金442両、銀5貫740目	定式
徳信院お手当金	金3,000両	定式
二丸大奥長局向修復其外入用	金9,072両1分、銀18貫990目	別口
奥向き別段入用	金8,964両、銀10匁	別口
和宮下向につき京都へ進献其外品々入用	金33,160両3分、銀619貫470目	別口
和宮下向につき「御道具」新規入用	金10,490両3分、銀10貫880目	別口
和宮下向につき勅使・供奉公卿其外道中入用	金8,677両3分	別口
御車寄其外所々取繕入用	金1,916両1分、銀10匁	別口
伝奏屋敷其外御馳走所取繕仮物取建入用	金3,351両3分、銀60目	別口
臨時参向勅使・公卿等御馳走、其外賄方入用	金33,851両3分	別口
「御方々様」臨時入用	金7,231両、銀90目	別口
本寿院二丸引移り「御道具」入用	金1,802両1分、銀560目	別口

出所：「文久元酉年金銀払御勘定帳」（飯島千秋『江戸幕府財政の研究』史料編、吉川弘文館、2004）より作成。

こうして、松平定信の寛政改革から半世紀余りを経た幕末期の奥向き支出においては、「公が幕府の内部に倹約を励行して能くその目的を達せられたるは、主として大奥即ち後房の権勢を抑圧して、殆ど政治に一指を染めざらしめたるに因れり」[21]という様相とは似ても似つかぬ新局面が展開していたのである。

おわりに

本章では、まず幕府における「表」と「奥」の分離が、幕府財政システムならびに幕府財政にどのように具現していたのか、江戸期全体を通じての奥向き支出の変遷を辿り検証した。そのうえで、松平定信の寛政改革と幕末期の奥向き支出の比較分析を行うことにより、それぞれの財政支出が、幕藩制国家のジェンダー的特質とどのようにかかわり、どう意味づけられるのかを考察した。

幕政史上、大奥に対し最も支出削減が断行されたのは寛政改革時であった。その後文政期以降奥向き支出が大幅に増大してゆくが、その最大の要因が幕府の婚姻政策であった。幕府の婚姻政策については、幕府がこれを「御方々様御繁栄」として位置づけているところに特徴が見られる。すなわち、婚姻政策により幕藩関係を維持し政治的安定を生み出すという意味において「御方々様御繁栄」は決して否定されるべきものではなかったことになるからである。その最大のものが、幕末の和宮降嫁であったことはいうまでもない。幕府が、和宮下向に際し惜しげもなく多額の支出を行ったのは、その政治的重要性を十分認識していたからにほかならない。

　幕藩制国家において、将軍家、大名家は公的「家」としての性格を有し、そこにおける相続、婚姻、出産、喪葬、法事、叙位などは、公的儀礼として執り行われ、幕藩権力の再生産に不可欠の要素に取り込まれていた。それゆえ、この公的儀礼は、広い意味で政治的性格を帯び、将軍家、大名家の女性たちや御付女中たちは、江戸城大奥や各大名家の奥において、この公的儀礼に深くかかわっていた。のみならず、将軍嗣子の決定や婚姻先の選定、あるいは幕閣人事などにおいても、大奥が関与していた事例は少なくない。かかる意味合いにおいて、幕末の大奥へは、幕藩制国家システムに十分適合的な財政支出がなされていたのである。

註

1　大山敷太郎『幕末財政金融史論』（ミネルヴァ書房、一九六九年）、同『幕末財政史研究』（思文閣出版、一九七四年）、古島敏雄「幕府財政収入の動向と農民収奪の画期」（古島敏雄編『日本経済史大系』第四巻、東京大学出版会、一九六五年、のち古島敏雄『近世経済史の基礎課程』岩波書店、一九七八年所収）、大野瑞男『江戸幕府財政史論』（吉川弘文館、一九九六年）、大口勇次郎「天保期の幕府財政」（お茶の水女子大学『人文科学紀要』二二巻二号、一九六九年）、同「寛政――文化期の幕府財政」（尾藤正英先生還暦記念会編『日本近世史論叢』下巻、吉川弘文館、一九八四年）、同「幕府の財政」（『日本経済史』第二巻、岩波書店、一九八九年）、和泉清司『徳川幕府成立過程の基礎的研究』（文献出版、一九九五年）、飯島千秋『江戸幕府財政の研究』（吉川弘文館、二〇〇四年）。

2　長野ひろ子「幕藩制国家の政治構造と女性――成立期を中心に」（近世女性史研究会編『江戸時代の女性たち』吉川弘文館、一九九〇年、のち長野ひろ子『日本近世ジェンダー論』吉川弘文館、二〇〇三年所収）、松尾美恵子「江戸幕府女中分限帳について」（『学習院女子短大紀要』三〇号、一九九二年）、大口勇次郎「農村女性の江戸城大奥奉公」（横浜開港資料館・横浜近世史研究会編『一九世紀の世界と横浜』山川出版社、一九九三年、のち大口勇次郎『女性のいる近世』勁草書房、一九九五年所収）、アン・ウォルソール「大奥――政治とジェンダーの比較史的考察」（桜井由幾・菅野則子・長野ひろ子編『ジェンダーで読み解く江戸時代』（三省堂、二〇〇一年）、柳谷慶子「仙台藩伊達家の『奥方』――七代重村の時代を中心に」（大口勇次郎編『女の社会史』山川出版社、二〇〇一年、のち柳谷慶子『近世の女性相続と介護』吉川弘文館、二〇〇七年所収）、畑尚子『江戸奥女中物語』（講談社、二〇〇一年）、長野ひろ子「幕末維新期の奥女中」（『茨城県史研究』八六号、二〇〇二年、のち長野ひろ子『日本近世ジェンダー論』吉川弘文館、二〇〇三年所収）、松崎瑠美「天下統一・幕藩制確立期における武家女性の役割――仙台藩伊達家を事例として」（『国史談話会雑誌』四五号、二〇〇四年）、同

「近世武家社会のジェンダー・システムと女性の役割――近世中期の仙台藩伊達家を事例として」（『歴史』一〇三輯、二〇〇四年）、関口すみ子『御一新とジェンダー――荻生徂徠から教育勅語まで』（東京大学出版会、二〇〇五年）、畑尚子「尾張徳川家の奥女中」（『徳川林政史研究所研究紀要』四〇号、二〇〇六年）、同『徳川政権下の大奥と奥女中』（岩波書店。二〇〇九年）。

3 徳川林政史研究所保管「徳川宗家文書」（飯島前掲書史料編）。

4 ここでは、金方・米方とも臨時収支部分については省略した。

5 司法省法制史学会『徳川禁令考』前集三（創文社、一九五九年）。

6 長野前掲論文「幕末維新期の奥女中」ならびに長野ひろ子「女中と明治維新」（『経済学論纂』四六巻三・四合併号、二〇〇六年）参照。

7 渋沢栄一『楽翁公傳』（岩波書店、一九三七年）一六七頁。

8 自序によれば、「三上博士が資料と第一稿本とを提供して、平泉博士これを編纂し、中村博士の修訂せられたものであるから、孰れを著者とも定め難く、已むを得ず、私の著作として世に公けにすることにした」とある。「三上博士」とは三上参次、「平泉博士」とは平泉澄、「中村博士」とは中村孝也であり、いずれも当時、東京帝国大学に奉職中、あるいは奉職したことのある歴史家であった。

9 藤田覚「元禄期幕府財政の新史料――「貞享三年御入用払高積書」・元禄七年「御蔵入高並御物成元払積書」について」（『史学雑誌』九〇編一〇号、一九八一年）。

10 大野瑞男「享保改革期の幕府勘定所史料　大河内家記録（一）」（『史学雑誌』八〇編一号、一九七一年）。

11 古島前掲論文参照。

12 松平定信は、一七八七（天明七）年六月から一七九三（寛政五）年七月まで老中首座として幕政を主導した。定信が退いた後も幕閣の中枢には定信とともに改革をおこなってきたメンバーがほぼ残ったかたちとなった。そのなかで老中首座に就任した松平信明は、途中二年間余のブランクはあるものの、一八一七（文化一四）年まで政権を維持している。

13　「御勝手御改正一件」（「江戸実情誠斎雑記」（二）戊申雑記、江戸叢書刊行会編纂『江戸叢書』一一巻、名著刊行会、一九六四年）。

14　同前。

15　婚姻引移りの際には、お付きの女中たちへも支度金が支給されるのが通例であった。たとえば、一七九九（寛政一一）年に家斉長女淑姫が尾張家へ嫁ぐ際には、女中たちへの支度金が以下のように給付されており、七一名の女中たちへの支度金合計は四一九九両に達している。（『日本財政経済史料』五巻、財政経済学会、一九二二年）。

大上﨟錦小路百五十両、小上﨟屋遠百五十両、御介添岩田一五〇両、つほね一五〇両、御年寄恵川一五〇両、御年寄永井一五〇両、中年寄三人各一三〇両、御中﨟頭一人一〇〇両、御中﨟八人各一〇〇両、御小姓一人一〇〇両、表使三人各七五両、御右筆三人各七〇両、御次六人各七〇両、呉服之間五人各六五両、御三之間七人各六三両、御末頭二人各三〇両、御中居三人各二五両、使番三人各一〇両、小間使三人各七両、御半下十七人各六両。

16　『徳川諸家系譜』第一・第三（続群書類従完成会、一九七〇・七九年）。

17　種姫は、田安宗武の娘で松平定信の実妹であるが、一七七五（安永四）年、七歳で将軍家治の養女となった。一七八七（天明七）年、紀州家入輿に際しては、種姫に対して毎年、金三〇〇〇両、米五〇〇俵が与えられ、紀州家へも三年間毎年お手当金七〇〇〇両が遣わされることになった。この種姫輿入れと定信の老中首座就任は同年の出来事であるが、定信がこの財政支出に対して異を唱えた形跡はない。また、定信の老中就任をめぐっては、種姫が家治養女であることから、定信が種姫を間に将軍家斉の義兄という間柄になり、大奥老女らの反対の理由づけとなった。これは、将軍に縁の近い者が幕府の重職に就いてはいけないという九代家重の上意に反するからというのであるが、定信を入閣させないための口実と考えられる。『徳川諸家系譜』第一（続群書類従完成会、一九七〇年）、『日本財政経済史料』五巻（財政経済学会、一九二二年）、

18　菊池謙二郎「松平定信入閣事情」（『史学雑誌』二六編一号、一九一五年）。

19　註13に同じ。

20　註16に同じ。

21　徳信院については、長野前掲論文「幕末維新期の奥女中」を参照されたい。

註7に同じ。

第三章

明治前期におけるジェンダーの再構築と語り

——江戸の女性権力者「春日局」をめぐって

一　自由民権・私擬憲法とジェンダー

一七九一年、フランスの詩人で劇作家でもあるオランプ・ド・グージュは、「女性および女性市民の権利宣言」を発表した。これは、一七八九年、フランス革命の「人権宣言」が、文字どおり「男性および男性市民の権利宣言」であり、女性の諸権利をまったく否定するものであったことへの果敢な挑戦状であった。革命に参加した女性たちは、自分たちがその市民範疇に含まれていないことを革命後ほどなく思い知らされたのである。近代市民革命は、その論理にセクシズムをもっていた。発表の二年後、オランプ・ド・グージュは、フランス革命のなかで最もラディカルな人権思想を体現したロベスピエールによって処刑された[1]。

フランス革命からほぼ一世紀を経た一八七〇・八〇年代、日本では、自由民権運動の嵐が吹き荒れていた。この自由民権運動に、少数ながら女性たちが参加していたことはよく知られており、女性史研究において一定の成果をみている[2]。近年では、大木基子氏がジェンダーの視点からこの問題に取り組まれ、そのなかで、土佐の自由民権運動において男性の民権家が「女民権家」をどうみていたか、民権派新聞を素材に検討している。やや長くなるが、そこにおける大木氏の見解を引用してみよう[3]。

土佐の民権派新聞は、女性が民権派集会に参加し「演説」という形で自らの意思を表明することに対して、その内容ではなくもっぱら彼女の容姿や声、態度など外見的なことを報道してきた。それは、民権派新聞の記者も女性が何を述べるかということにではなく、どんな容姿の女性がどのような様子で人前に立つかということに注意を向けていたことを意味する。彼らにとっては、演説という手段で自己主張をする女性はともに民権運動をすすめ運動を豊かにする同志というよりは鑑賞の対象でしかなかったのだ。

女性の演説についての民権派新聞のこのような報道に少しだが変化が表れるのは一八八七年頃からである。

…中略…

たしかに彼女たちは少数ではあるが自らの意思で、男性民権家たちの取り組んだ課題に遅れて取り組み、運動に加わった。そして男性民権家たちもその限りで運動の一翼として認めはした。だが、彼女らの要求が男性民権家たちの課題とずれていたり、あるいは彼らの意識や態度と対立するようなものであったなら、運動の一翼として認められただろうか。そもそも自由民権運動の中で主張された民権一般と女権とは常に一致するものだろうか。民権一般と女権とが必ずしも一致するものでないことは、国会開設を目前にしてさまざまな法律や制度が整備される中で明らかになってくる。

大木氏によれば、民権運動の過程で男性の民権家たちの「女民権家」に対する見方は、若干変化するものの、結局のところ「民権」と「女権」は一致するものではなかったと述べている。大木氏の考え方を一歩進めれば、自由民権の「民権」とは「男権」のことではなかったかという考えに思い至らないだろうか。「男権」という一方の性の権利を「民権」というあたかも人民一般の権利であるかのごとく表象する言説は、近代国家の特質である。フランス「人権宣言」において市民が男性市民を指していたように。実際、日本の場合も、帝国議会の開かれた一八九〇年、集会及政社法によって女性は政治から排除されてしまった。[4]

ところで、これまでの自由民権運動研究は、大木氏のジェンダーの視点からのアプローチとは大きく隔たったスタンスにおいて行われてきたことは否定できない。ここでは、一例として私擬憲法についての研究を俎上に上せておこう。この私擬憲法の白眉とされているのが、「五日市憲法草案」である。深沢権八ら五日市学芸講談会に集った若者たちの熱意のなか、千葉卓三郎によって起草された私擬憲法は、一九六八年、色川大吉氏を中心とする研究グループによって発見され「五日市憲法草案」と命名された。以来、学界では「草の根憲法」・「民衆憲法」としての位置づけを与えられ高く評価されてきたのは周知のことである。[5] 色川氏のグループのお一人である新井勝紘氏は、地元での「五日市憲法草案の碑」建碑に際し次のような一文を寄せている。[6]

> この憲法の基本構造を詳細に分析してみると、国帝、つまり天皇と、我々が民主的ルールに則して選んだ国民の代表からなる国会と政府行政機関の三者が、お互いにその暴走と逸脱をくい止めるためにチェックしあいなおかつ、調和を保ちながら国政を行うシステムをとっています。…略…これによると、さきにバランスシステムと定義したこの憲法も、国会に最優先の権利を与えていることがはっきりとうかがえるのです。国会は、政府のやることに対して必ず、基本的人権のリトマス試験紙で、違憲立法をチェックすることができるようになっています。この点こそ五日市草案の中核であり、白眉であるのです。これは他の民間憲法中でも、ピカ一の条文であり、日本国憲法につながる先駆的な法文といえるのです。

新井氏は、「五日市憲法草案」では、「我々が民主的ルールに則して選んだ国民の代表からなる国会」が、天皇、政府行政機関に優先した権利が与えられることを強調され、最大の評価をされている。この「民主的ルール」とはいかなるものであったのだろうか、第八三条がそのルールを明確に定めているので以下に示しておこう。[7]

婦女未成年者治産ノ禁ヲ受ケタル者白痴瘋癲ノ者住居ナクシテ人ノ奴僕雇傭タル者政府ノ助成金ヲ受クル者及常時犯罪ヲ以テ徒刑一ケ年以上実決ノ刑ニ処セラレタル者又稟告サレタル失踪人ハ代民議員ノ選挙人タルコトヲ得ス

私擬憲法の白眉とされる「五日市憲法草案」において、女性は、こども（未成年者）とともに一括して選挙人資格から排除されていたのである。男性の場合には、禁治産者、犯罪者等社会的不適格者とみなされた一部の人々が排除されたのみであるのに。したがって、「基本的人権のリトマス試紙」の「人権」には女性の「人権」は最初から排除されていたことになる。「人権」は「男権」に他ならなかった。ここでも「男権」という一方の性の権利に「人権」という人間一般の普遍性を示す表象が与えられた。千葉卓三郎に師事した五日市学芸講談会のメンバーは、二十代を中心とする豪農の若者たちであり、彼らは地域社会において男たちのホモソーシャルな絆によって結ばれていたのであり、そこに女性を包含することはほぼなかったとみてよい。[8] 新井氏は、「五日市憲法草案」のもつこの明確なセクシズムの論理を可視化することはされなかった。結局のところ、自由民権運動や私擬憲法を生み出し、下からの変革をめざした男たちは、上からの改革を断行した明治政府の男たちと、日本近代国家の「女はずし」という基本的政治理念においてそれを共有し変わることがなかったのである。

さて、現在、自由民権運動も含め日本近代にジェンダーのメスを入れる試みは、学際的に多方面から行われていることが特徴である。本章も、学際的な研究成果に学びつつ、明治前期の諸変革においてジェンダーがいかなる変容を遂げるのか考察していくものである。

とはいうものの、ここで筆者がとりあげるのは、自由民権運動そのものでもなく「女民権家」たちというわけでもない。自由民権運動をはるかに遡り、当時の人々にとってもすでに歴史上の人物となっていた女性「春日局」である。日本近代においてジェンダーの再構築が図られる時、過去（歴史）は、どのように再ジェンダー化されるのか、それが前者にどう関与するのかを明らかにしたいという意図のもとに試みたものである。

周知のように、春日局は、江戸時代初期に政治的・公的世界に身をおき強大な権力を行使した政治主体である。その彼女が、自由民権運動から大日本帝国憲法制定へと続く明治前半期に、劇場という民衆的空間に姿を現した。すなわち、一八九一（明治二四）年六月東京歌舞伎座において、福地桜痴作『春日局』全五幕が初演されたのである。[9]

なぜ、春日局はこの時期に歌舞伎という大衆文化のなかに登場したのだろうか。彼女は、どのような人物として語られたのだろうか。それは、一体どのような意味をもっていたのだろうか。台帳すなわち歌舞伎の脚本を読んで考えていきたいが、その前に、私たち自身で、春日局と彼女をとりまいていた江戸の政治的構図を振り返る必要がある。

二　幕藩国家権力のジェンダー配置と春日局

今朝女官総免職。……是迄女房の奉書など、諸大名へ出せし数百年来の女権、唯一日に打消し、愉快極まりなし。[10]

ここで、朝廷の「女権」の「打消し」に大喜びしているのは、薩摩藩出身の宮内大丞吉井友実である。彼は、一八七一（明治四）年七月、大久保利通、西郷隆盛らの意を受けて宮内省改革に着手、八月一日には従来からの女官をすべて罷免した。右の吉井の日記は、維新政権のセクシズムを象徴するような言説であるが、「後宮」改革による「女権」の排斥は、維新政権が天皇を中心とする国家を樹立しようとする時、真っ先に取り組まねばならない改革であった。すでに、国家の公的・政治的領域のジェンダー配置を、男性のホモソーシャルな領域として再ジェンダー化することは、維新政府中枢の男性たちの共通認識となっており、天皇側近の「女権」の存在はそれとまったく相容れないものであった。[11]

江戸時代には、公的・政治的権力（権威）という意味での「女権」は、東西二つの空間に存在していた。一つは、将軍の居住する江戸城であり、他の一つは、天皇の居住する京都の御所である[12]。近年、朝幕関係論の研究が盛んになり、幕藩制国家体制の維持に朝廷がいかなる意味と役割をもっていたかが具体的に明らかになってきたが、そこでも、朝廷（天皇）に対する将軍権力のもつ優位性は再確認されている[13]。

このことを記号論的にいえば、江戸時代において将軍・江戸城には男性性が、天皇・朝廷には女性性が配置されたということになる。その法的表現が武家諸法度と禁中并公家諸法度である。それぞれの第一条はそのことを示して余りある。

一　文武弓馬之道、専可相嗜事
左文右武、古之法也、不可不兼備矣、弓馬是武家是要枢也、……
（武家諸法度[14]）

一　天子諸芸能之事、第一御学問也、不学則不明古道、而能政致太平者未有之也、……
（禁中并公家諸法度[15]）

支配階級として天下を治めるにあたり、「弓馬之道」こそ武士の本分であり、男性性を表象するものであった。同じく支配階級でありながら、天皇ならびに公家たちは、「弓馬之道」に表象される男性性を帯びることは許されなかった。彼らは、「御学問」第一とされ、女性性の領域に放逐された。

将軍権力によって女性性を印づけられた朝廷では、天皇は、お歯黒をつけ、薄化粧をほどこし、眉をそって描眉をし、後宮の女官たちに囲まれた日常であった。天皇を囲む典侍以下の女官たちは、女房奉書を発給し、天皇に奉呈する文書は、たとえ幕府からのものでも、長橋局宛に出されていた[16]。先に、吉井が日記に「数百年来の女権」といい、『明治天皇紀』に「宮禁の制度、先例・故格を墨守するもの多くして、君側の臣は堂上華族に限られ、先朝以来の女官権勢を張り、動もすれば聖明を覆ひたてまつる等の事無きにあらず[17]」と記されているのは、誇張でも何でもなかった。女性性を付与された朝廷という公的・政治的世界において、女官はそのなかに身を置き、重要な役割を担い、それゆえ権勢を誇っていたのである。

しかしながら、朝廷が力を強めてくる幕末期を除き、東西二つの空間に存在した江戸時代の公的・政治的権力（権威）という意味での「女権」を比較すれば、東の江戸城に軍配を上げねばならない。それが、既述のようにこの時代の権力のジェンダー配置が、将軍・江戸城――男性性、天皇・朝廷――女性性であったことに起因することはいうまでもない。

男性性の領域とされた江戸城の女性たちは、まさしくそれゆえに大奥という隔離された空間に封じ込まれ、可能な限り政治性を薄められようとされていた。にもかかわらず、近世を通じて大奥の女性たちは、幕府権力の中枢に近く、人事を中心に強力な政治性を発揮し、儀礼的側面においても重要な役割を果たしていた。ちなみに、この時代、儀礼は政権維持に必要不可欠な政治であったともいえる[18]。

幕藩制成立期にあって、政治の中枢で活躍し権勢を誇ったのが本章の主役春日局である。彼女は、大奥制度を固めるのに尽力し、絶大な権力を振るった人物である。したがって、隔離される以前・以後両方の大奥経験をもっている点が特徴といえる。春日局については、『徳川実紀』[19]にも、多くの記述がみられる。家光を三代将軍とすべく家康に直訴したこと、紫衣事件の折、京に上り天皇に拝謁したことをはじめ、幕府政治史の重要な局面に登場し、大きな役割を果たしたことは明らかである。ただし、その生涯については、意外に確定していない。生誕地、子供の数、乳母に取り立てられた経緯、……。種々のエピソードも、『徳川実紀』も含め多く伝えられているが、諸説入り乱れている。ここでは、『柳営婦女伝』『寛政重修諸家譜』『明良洪範』そして『備前軍記』によって彼女の履歴といくつかのエピソードを行論上必要な限りにおいて挙げておくことにしよう。

山崎合戦の後、兄弟各沈落し、京都に住し、稲葉佐渡正成妻と成、二子を産し、後年慶長九年甲辰七月十五日台徳公若君竹千代君御誕生の後、御乳母と成り三千石賜り、夫も子共も被召出、各別々に御知行拝領す、寛永弐年乙丑の秋願を立、武州神田湯島の地に於て菩提所を建立し、天沢寺と号す、寺領三百石御寄附し給ふ、同廿年癸未九月十四日没、即ち天沢寺に葬れり、法名麟祥院従二位仁淵了我大姉　『柳営婦女伝』[20]

最も簡潔な春日局履歴であり、ここにはエピソードらしきものは書かれていない。子供の数は「二子」とある。その後「夫も子共も被召出」されたのは、春日局の力があずかっていたことを示す書きぶりである。正成との「離婚」については明示されていない。

実は斎藤内蔵助利三が女。母は稲葉右京進某が女。重通に養はれ姉卒するのゝち、正成が室となり、丹後守正勝、七之丞正定、内記正利等をうみ、のち離婚す。

慶長九年大猷院殿生誕の時、民部卿局の執まうすにより、御めのとゝなり、元和元年大猷院殿御幼稚にして、台徳院殿の御心にたがはせたまひ、すでにおぼしめしさだめらるゝのみけしきをうかゞひ、妾にまかせらるべき旨を言上し、六局に就てひそかに東照宮の御聴に達し、懇の仰をかうぶる。寛永元年秋湯島にをいて一宇を建立し、天澤寺と号す。六年十月十日京師にいたり、西三條大納言實條のはからひに准じ、参内をゆるされ、室町家の例にまかせ、春日局とめさるべきむね東福門院より仰下さる。のち御学問所にして龍顔を拝し、天盃をたまふ。…略…其後相模国高座郡の内にをいて三千石の采地をたまひ、年毎に白銀百貫目をあたへられる。…略…二十年病にかゝるのところ、八月八日大猷院殿居宅に渡御あり。後しばしば御駕をよせらる。…略…この月大猷院殿親筆の御書を賜ひ、ふたゝび薬餌を用ふべきむね仰下さる。これさきに痘を患へたまひ、すでに危篤にみえさせたまふにより、御身にかはりたてまつらむ事を神仏に誓ひ、小き桶に水を入て頭にさゝげ、もし御快全なくばすみやかに局が命をめさるべしとて、短刀をさしはさみ、月の出るをまつ。その内御病怠り給ふのよし告来りしかば、これより終身服薬鍼灸を断べしと誓願せし事を、おぼしめし出さるゝによりてなり。しかれどもかつて誓ひしむねあればとて、つゐに薬を服せずして十四日卒す。……

『寛政重修諸家譜』[21]

ここでは途中省略してあるが、幕府が編纂した『寛政重修諸家譜』において春日局に関する記載は多く、一七〇〇字余にのぼっている。これは、女性の履歴としては異例の長さである。ここには、竹千代（家光）と弟の国松（忠長）との世継ぎ問題をめぐる家康への直訴、家光の病気平癒の薬断ち祈願とその貫徹など世に知られたエピソードも含まれている。離婚については、一六〇四（慶長九）年、竹千代乳母として江戸へ向かう時には正成と離婚していたと読める記述であろう。

春日局ハ、明智日向守ガ臣斎藤内蔵助利三ガ娘也、幼名ハ福と云リ、母ハ稲葉刑部少輔通明ガ女也、福女ハ稲葉佐渡守正成ガ妻トナル、丹後守正勝、同七之丞正定、内記正利ヲ産メリ、佐渡守ハ筑前中納言家ヲ立ノヒテヨリ、義ヲマモリ何レノ諸侯ヘモ仕官ヲモトメズ、本国濃州ニ居レリ、関東ニテ若君徳川御誕生ニヨリ、然ルベキ御乳母ヲ京都ニオヒテ求メラル、ニ、ミナ人関東ヲオソレテ、誰モ召ニ応ズルモノナキユヘ、粟田口ニ札ヲタテ尋ネモトメラル、コトヲ聞テ、此女上京シテ、板倉伊賀守勝重ニ寄テ、我等ガゴトキ賤シキモノニテモ宜シク候ハヾ、関東ヘ罷下ルベシトイフ、勝重モ俗性トイヒ、夫ト云、何レモ武名高ヲ以テ許諾セラレ、速カニ関東ヘ下シ、其後佐渡守正成ヲ召出サレント有シニ、妻ノ脚布ニ包マレテ出る様ナル士ニテハ無迚御受申サズ、其上存寄有之、其妻ヲ離別シケル、然レドモ彼ガ産ミタル子ナレバ、此ハ其方へ与フル也トテ、稲葉丹後守兄弟ヲバ関東へ送リケル、先年正成ガ家へ盗賊入シ時ニ、此妻出合テ盗賊二人ヲ斬殺シ、残盗ヲ追払ヒタリシ、其刀ハ紀ノ正恒ニテ、今ニ稲葉備前守正員ノ家ニ伝フト云り、…略

『明良洪範』[22]

『明良洪範』の場合、乳母になる経緯について、京都山科粟田口での高札による募集に福（春日局）が応じたことによるとの説をとっている。エピソードとしては、幕府が正成を取り立てようとした際、「妻ノ脚布ニ包マレテ出る」ことを拒絶したり、春日局が正成の妻であった時分、盗賊二人を斬り殺し、残盗を追払ったという武勇伝などが語られている。

内匠頭妻は、明智が臣斎藤内蔵助が娘なり。其母稲葉一鐵の娘にて、明智亡び、内蔵助討死の後、其娘を連れて一鐵の方へ帰りける。其娘を内匠頭呼取りて、男子出生す。是れ丹後守正勝なり。此内匠の妻勝れて嫉妬深し。然るに内匠、妻を京都より呼寄せて、是にも子出生す。されども之を妻には隠して別の屋敷にありと聞き、それにては外聞も宜からず、此屋敷へ呼寄せ給へ、少しも苦しからず。又男もありと聞えし。是又此方にて養育すべしと、最も懇にいひし故、能くも申されしとて、内匠も悦び、別屋敷より呼寄せて、内匠妻に目見して、又懇に申されければ、妻も安心してありしが、一日内匠の留主なりし時、其妻を間近く呼び、刀を抜きて、衣装の内に隠し

持ちて、只一打に切殺し、兼ねて用意ありて乗物に乗り、裏門より出て上方へ登り、里に帰りける。其後此妻、江戸の御内所へ出でて勉めけるが、慶長八年、御誕生ありし竹千代君御傅になりけり。後に春日局といひし、則ち此人なり。夫より程なく内匠頭も召出され、御家人となりけるに、竹千代君に御家人御目見の時、春日局抱き奉る。内匠頭も出でける時、東照宮仰に、此女は、内匠は知りたるものなるべしとありければ、只平伏してありしに、之をば吾に得させよ。其方には相応の妻を世話すべしと、仰せありける故、内匠も有難しと御請申して退きけるとぞ。其後、山内対馬守娘を縁組せられき。……

『備前軍記』[23]

ここでの春日局は、夫の愛人を呼び寄せて一刀のもとに切殺すという「勝れて嫉妬深」い女性として語られる。そのまま実家に帰った後、「江戸の御内所へ出でて」「慶長八年」「竹千代君御傅」になったとあり、年代や職名に他書と少しずつ異同がみられる。正成の再縁には、家康も一役買ったとの記述もある。

愛人切殺し事件や盗賊退治事件など、もとより真偽のほどは不明であるが、春日局をめぐって虚実とりまぜ多くのエピソードが残されていたことが、後述のように、彼女を近代演劇空間に登場させるのに役立ったことは確かである。

さて、一八六八（慶応四）年、幕府の崩壊により、江戸城大奥の女性の「女権」は消滅した。その際、江戸城の「女権」の喪失は、男性幕臣とは異なった道筋をたどった。[24]

周知のように、幕府の崩壊から廃藩置県そして秩禄処分をもって、武士身分としての男性家臣は最終的に解体され、支配階級あるいは武士としての権力を喪失した。これは、維新政権の最重要政策として公的に断行された。しかしながら、武士身分を失った男性家臣の場合には、公的・政治的空間からの一時的退却にすぎなかった。むしろ、それは彼らがあらためて権力中枢空間としての維新政府をはじめ、公的・政治的空間へ、属性ではなく能力という新たな基準にもとづいて進出していくことを意味していたのである。[25]

これに対し、江戸城大奥の女性たちは、江戸開城をもって権力中枢空間から退却を余儀なくされた。ここで、公的・政治的性格を剥ぎ取られ、私的空間へ放逐され、「御人減らし」いわゆるリストラの対象になっていくが、これらが、私的空間における私的行為として行われるところに武士としての男性との違いがある。[26]さらに、最大の違いは、江戸城から退却した女性たちに限らず、女性たちが女性であることによって、以降一九四六年まで、公的・政治的領域そして権力への道を閉ざされてしまったことである。[27]既述のように江戸期のもう一方の権力者すなわち朝廷の「女権」も、吉井友実ら維新政府によって「打消し」が断行されていった。[28]さらに、下からの改革も女性を排除していったことは、自由民権運動と私擬憲法でみたとおりである。

こうして、日本近代の公的・政治的領域でのジェンダーの再配置は、公的・政治的領域からの女性の排除によって完成した。この公的・政治的領域から女性が排除された明治前期に、江戸の女性権力者・女性政治家としての春日局がそれとは全く異質の劇場空間に出現したのである。

三　劇場空間の春日局

オランプ・ド・グージュの「女性および女性市民の権利宣言」から数えてちょうど一〇〇年後の一八九一（明治二四）年六月一日から七月一日までの三一日間、東京歌舞伎座において、福地桜痴作（河竹黙阿弥訂正）『春日局』全五幕が初演されていた。[29] 連日の大入りであったという。引き続き、同年の秋、一一月一日から二五日まで大阪角座において、一一月二七日から一二月一六日まで京都常盤座において上演されている。[30] 角座は大入りにつき「日延」となっている。

東西で好評を博したこの演目を、脚本によりながら、筋立てを追っていくことにしたい。もちろん、歌舞伎という舞台芸術を脚本でたどることの限界性を認識しての試みではあるが。

福地の『演劇脚本春日局』は、初演のちょうど一週間前に金港堂本店より発行された。緒言によれば、この脚本を書いたのは一八八八（明治二一）年四月のことであり、最初は七幕であったが上演時間の都合で五幕にしたという。

序幕は、慶長一六年九月下旬、「山科の閑居中門の外」よりはじまる。侘しい山里のセットである。小早川家を去り浪人中の稲葉正成の妻お福（春日局）のところへ、村庄屋の案内で京都所司代板倉勝重が訪れた。板倉は、大御所家康の命を受け、お福（春日局）に竹千代（家光）の御守役として奉公してほしいと頼むのである。前日に、代官を通じてそのことを打診され、すでに正成の同意を得ていたお福は、快く命に応じる。板倉らが帰った後、山猟から戻ってきた夫にお福はいう。

「夫に離れ子に別れ三十路に余る身を以て宮仕いたすのは好ましからぬ事ながら、心を定めて御請いたせし其仔細は、第一に三代の天下を知し召す若君を守立ますするは家の誉・身の面目、又二つには其縁で子供たちが出世にも成うかと存じますれば、東の路は遠くとも一人江戸へ下向して他事なく御奉公相勤め、流石は佐渡守が妻よ内蔵助が娘ぞと心ある人々に云はれたう御座ります」

正成も「御身が心任せとは申せしに、いみじうも決心ありしは、流石々々御身が為にも子供等が為にも此上もなき身の仕合、佐渡も共々祝着いたす」と同意する。子供を小姓にという誘いは、ひとまず断ることでも一致する。正成は、「一命捨て若君の御安泰を謀るのが是ぞすなわち御守役」「身体こそ西東とは隔つとも夫婦の心はもとより一つ」と言い、「出陣の例」にならって水盃をかわす。子供たちも、「御流れ頂戴」となるが、三人の男子[31]のうち、下の二人が、一緒にいきたいと懇願し、取りすがる。これは泣かせる場面である。ほどなく、お福は夫や子らに別れをつげ、幕となる。

第二幕は、三年後、慶長一八年三月七日、江戸城本丸吹上でのお花見の場面である。春日局となったお福が、御台所[32]の国千代（忠長）への偏愛に対抗し、竹千代を必死に弁護するところから、同人が伊勢参宮に出かけるまでが演じられる。加えて、そこに、大坂方の陰謀や衆道が絡んだ筋立てになっている。春日局は、大奥の自分の部屋で刺客に襲われるが、刺客の口から「女ながらも武勇すぐれ強盗三人を一人にて搦め捕った」「相手と云ふは男まさりの春日ゆえ」などの台詞が語られる。その後、竹千代平癒の御礼（実は家康との面会）のため伊勢参宮へ出立することになるが、その旅装がいたって質素であることに一同が驚き、幕が下りる。

第三幕は、同じ年の三月半ば、駿河府中城に近い往還に抜け参り姿の春日局が、鷹狩にやってくる家康を待ち受ける。ただし、春日局と家康の両役とも市川団十郎が演じるので、二人が対面するシーンはなく、代わりにお梶の局[33]が仲介する設定である。ここでも、世継ぎをめぐる話と大坂方謀議が絡み合いつつ進行する。ともに、家康がすべてを了解していることで解決への道筋が用意され、家康の春日局への絶大な信頼が強調される。春日局の将軍家への忠誠は「春日事は若君様の御寵愛衰へたるは全く其身が御育振の御意に適はぬ故なりと幾重にも恐入り、其身は如何様の御咎を蒙っても更に御恨とは存じませぬが、何とぞ三代の天下御動ぎ無い様にと願い上げ」ている。大坂方謀議が露顕したところで、幕となる。

第四幕は、翌慶長一九年四月上旬、春日局の訴えを受けた家康が、駿府より江戸城に入り、御台所に教訓を垂れるくだりである。家康は、「先第一大勢の子供を育つるには、惣領は跡取なれば格別にいたし、次男以下は家来同様に心得よと常々申聞き当人によく得心させて置かねば相成らぬ、次男の威勢強きは家の乱の基で御座る」と言い、茶菓子の与え方で、竹千代と国千代に明瞭に差をつけてみせる。家康は、春日局の長男を竹千代の御小姓として召抱えるように指示を出し、さらに、夫と他の二人の男子も追々呼び寄せることを約束する。ここでも、春日局の遠慮深さ、謙虚さが強調される。ここで大坂方謀議は、春日局のライバルとして設定されてきた大奥老女高圓がお縄となり一件落着。

いよいよ第五幕、元和元年二月上旬、江戸城内御白書院での将軍秀忠の娘和子の入内、門出の式の場面となる。春日局は、和子の御母代として、従二位に叙せられて京へ随行するという晴れの場である。「前代未聞の立身は女の亀鑑」という、春日局の栄耀栄華が極まったところで、急転直下、離婚話がもたらされる。山科に残っていた二人の息子が使いとなって正成からの離縁状が届けられたのである。正成は、幕府からの大名に取立てようとの話を、「女の恩にて立身いたす武士にあらず」と断り、さらに春日局と離縁すると言いだした。離縁状に目を通した春日局は「左右の眼に浮みたる涙は落てはらはらはら堪へ堪へし悲みの堪へ兼て、今はたゞわっと計りに泣伏せば是はと驚く老職たちにただちに、暇を請う。「凡そ人の妻たるものが其夫に棄らるる程の耻は御座りませぬ。然るに此の春日たゞいま夫に棄られて御座りますれば、何面目あって人に面が合されませう。大切なる若君様の御守役は申すに及ばず姫君様の御母代なんで今日より勤めませうや。此上は御前へ出るも恐れ多う御座りますれば只御取次にて身の御暇願ひ奉り」、豪華な五衣の錦に替えて、夫から貰ったという古小袖を着て故郷へ帰るという。重臣たちは、盛んに引き止めようとする。しかし、将軍秀忠は、正成は「武士の意地」、春日局は「賢女の操」と二人を誉めそやすばかりである。春日局が「しほしほと」引き上げるところへ、正成が到着し、事態はさらに一転する。正成が、春日局と離別したうえで家康によって二万石の大名に取立てられたことが明かされ、春日局も大喜び、二人の子息もお目見得がかない取立てられることになる。ラストは、春日局が舞い、正成と長子正勝の二人が地を謡い、めでたしめでたしで幕となる。

以上が、『演劇脚本春日局』の概略である。既述のように、春日局という人物の生涯については、意外に未確定の要素が多く、虚実とりまぜたエピソードも豊富に残されている。したがって、脚本を書く側からすれば、それらのなかからどれを選択しどう解釈するか、構成・脚色の幅はわりに広かったと言えるのである。

にもかかわらず、この脚本には諸説をはるかに超えた筋立てが入っていたことがわかる。それは、第二幕から第四幕までメインのディスクールに絡んでくる大坂方謀議である。第二幕から第四幕まで大坂方の陰謀にかかわる者として大奥用人、大奥老女、お庭番、目付、密使などが次々に登場する。第四幕で大奥女中高圓がお縄となったところで落着する。大坂方謀議はすべて春日局によって見破られる仕掛けになっている。作者自身も「石河刑部其が江戸城にて間を大坂に通じて露顕したりと云ふ説は慶元叢話に見えたるに由り此に仮用いたるなり。老女高圓が事も其如く太閤の御妹に傅きて浜松に来れる侍女のなかには、長曾我部が親戚のものありて其女は慶長の末までも生残りたれば、家康公には此ものに油断なせうと宣しと云ふ事同書に見えたれば、同じく是を著色し」たと述べ、「高圓吟味の段は想像の作意なるのみ」と記しており、かなり強引に入り込ませたことがわかる。おそらく、大坂謀議はこの演劇をより複雑にさせ、舞台を盛り上げ賑わすために加わった筋立てなのである。観客の興味を引き、御守役としての春日局の優秀さ、善人ぶりを引き立たせるための悪役として老女高圓その他が配されたと解釈したい。

次に、年代設定の問題がある。福地は、これに関しても言及している。すなわち、「春日局の事蹟は人口に膾炙するを以て更めて云ふに及ばざれども、本伝に拠れば局が家光公（即ち本編の竹千代君なり）の御乳母に召抱へられたるは慶長九年の事にて東福門院（即ち本編の和姫君なり）の御母代となり従二位に叙せられたるは寛永六年の事なれば其間二十六年の久しきに渉れり。然るを本編にては慶長十六年より元和元年までの前後五年間の事として諸事此中に抱合せしめたり」とある。

作者は、なぜ二六年間を五年間に圧縮したのだろうか、理由については明言していない。

大坂方謀議を組み入れる都合からだろうか。おそらくそうではあるまい。江戸城でのお花見から駿府への直訴、家康の江戸での教訓という二幕、三幕、四幕からはさほど圧縮の必要性は感じられない。山科の侘び住いである序幕も同様である。私見では、その鍵は最後の五幕目、クライマックスの部分にあるように思われる。

第五幕は元和元年という設定である。しかしながら、関連の史実としては、正成より春日局への離縁状送付が一六〇四（慶長九）年、正成の美濃一万石拝領が一六〇七（慶長一二）年、真岡二万石復帰が一六二七（寛永四）年、和子入内が一六二〇（元和六）年、同人の中宮立后が一六二四（寛永元）年、春日局の従二位への叙位が一六二九（寛永六）年という具合に前後二〇年にわたっている。二〇年間の種々の出来事をたった一幕で演じようとしたのはなぜなのだろうか。

ここで、さきのクライマックスの場面を思い出していただきたい。従二位に叙せられ、和子の御母代として京に上るという春日局の権勢が極まったまさにその時、夫正成からの離縁状が届けられ一転不幸のどん底におちるというくだりである。これが、史実と全くかけ離れていることは疑問の余地がない。家光の乳母として江戸に向かう時にはすでに離縁していたはずである。ここでは、その後の同人が幕府において権力者として出世をし栄華を極めたことと、正成との離婚は年代設定が全く逆転しているのである。このシーンの明々白々の作為性をいくらかでも緩和させるために、作者は全体を短縮してバランスをとることにしたのではないだろうか。

では、作者は、涙ぐましい工夫をしながら、なぜ正成との離縁を春日局の栄耀栄華の頂点に設定したのであろうか、作者がそのことで語りかけたかったことは何なのか、ここで考えておきたい。一体、クライマックスに到達するまでの春日局はどんな人物として語られていたのだろうか。彼女が、江戸城という公的・政治的空間で奉公するのは、家のため、子供のため、そして主君（天下）のためという言説は再三出てくる。ただし、前提として「夫に離れ子に別れ三十路に余る身を以て宮仕いたすのは好ましからぬ事ながら」というメッセージが付随する。国家のために、家（夫と子）を犠牲にするというメッセージは感じられない。妻あるいは母たる者は、「家」に居るのが本来であり、女性にとって、ベクトルは家（夫と子）から天下（国家）へと向かうのであって決してその逆ではない。また、春日局が、つねに献身的でありなおかつ謙虚であるというイメージも随所に散りばめられる。それを主君も周囲も誉めそやす。女性は、夫や子のために尽くすべしというメッセージであるが、それは夫や子のためであれば国家に奉仕してもよいという考え方も含んでいる。いずれにしても、女性自らのために行為がなされることはなく、つねに他者のために献身的に尽くすのが女性の役割なのである。明治前期の歌舞伎という民衆的空間において春日局は「良妻賢母」[34]として再構築されたとみるほかはない。

「良妻賢母」春日局は、主君（天下）への並外れた忠勤によって、権力者へと昇っていく。クライマックスは、主君も含め夫以外のすべての人々が、彼女の功績を認め、高い評価を得、公的・政治的空間で「得意絶頂」のその時に夫から「離縁」という私的な事件が持ち込まれ、春日局が泣き崩れる場面である。これは、妻のそれまでのすべてが、夫の考え一つで崩壊に追い込まれたことを意味する。ここに、いざとなれば、妻に対しどんな権力も発揮できる夫の姿がある。主君も含め周囲から高く評価されていても、なんの役にも立たない。妻の生殺与奪の権限は夫に握られているという意味で、夫は妻に対する絶対者なのである。それに対して、権勢を誇った春日局が一切不満をいうことなく従い、反省するというのも重要なメッセージとして与えられる。主君や周囲も、正面きって夫に反論することはできない。「良妻賢母」の意味づけは夫の恣意に委ねられる。夫の絶対的権力が、大きな政治的権力をもつ女性にまで適用され、女性も素直に従っているところが、クライマックスのシーンであり、メッセージなのである。離婚を春日局の栄耀栄華の頂点に設定したことで、このメッセージは観客に対して最大の効果を発揮する。

夫である正成の語りを考えてみよう。正成が、春日局を離縁した理由は、「男の一分」を立てるためであった。「女房の脚布を潜って立身いたさんこと」は、その否定につながるから絶対に避けなければならない。公的・政治的世界で活躍する妻のお蔭で出世するのを拒否する態度は、男らしいということになる。史実としては、正成の場合、妻を利用したことはあっても拒否したことはないのだが。正成の場合、「国家」や「家」や子供や妻のためという他者のためではなく、自身の生き方を貫徹するために行動することが許される。そのためには他者を犠牲にしても咎められない。ここでは「男の一分」を立てる武士の生き方は肯定されている。[35]「武士の生き方というのは、ことほどさように至高のものなのである」というメッセージを、明治前期の劇場空間で発しているのだ。「男の一分」の前には、父や夫としての役割など問題にされることはない。父や夫としての甲斐性がなくとも、正面きって他人や家族が批判することはできない。男性は、夫や父である前に男という主体であるのにたいし、女性は、女という主体である前に妻や母という客体として評価される。「男の一分」という自身の主体性に至上の価値をおくマスキュリニティには、女は他者のために献身せねばならないというフェミニティが対置されることになる。ジェンダーの非対称性がここにはっきりと示される。江戸時代に、権力中枢空間において政治主体として絶大な権勢を誇った女性春日局は、明治前期の民衆たちの前に、夫の権力に絶対服従し、「良妻賢母」の役割を素直に果たす献身的な女性として登場したのである。

ここで、作者の福地桜痴[36]について述べておく必要があろう。彼は、ジャーナリストとして歴史上知られている。一八四一（天保十二）年、長崎の医師の長男として生まれ、蘭学・英学を習得し、幕府外国奉行支配の通弁となり、一八六一（文久元）年、一八六五（慶応元）年の二度、幕府の遣欧使節のメンバーとして渡欧した。維新初期にも、岩倉遣欧使節団などで二回洋行した。一八七四（明治七）年、『東京日日新聞』に入り、以後、主筆、社長として啓蒙的な立場で世論に大きな影響を与えたが、一八八八（明治二一）年、同紙の経営悪化にともない退社した。小説・歌舞伎脚本・歴史書などを執筆するのは、主に退社後のことであるが、一八八六（明治一九）年、伊藤博文のお声がかりで、演劇改良会が設立され、福地も加わっていた。その趣旨に沿い、福地は、一八八九（明治二二）年一一月二一日、木挽町に「歌舞伎座」を開場した[37]。

福地は、多くの歌舞伎脚本を書いたが、啓蒙的、教育的見地からのものであった。『春日局』の脚本もかかる意図にもとづいて発表され、開業間もない歌舞伎座で上演されたのである。折しも、大日本帝国憲法の発布など、近代天皇制国家の法制度と国家装置が整えられ、国民統合がはかられる時期にあたる。啓蒙主義的ジャーナリストであり、漸進主義的民権論を展開した福地作になる『春日局』が、民衆演劇空間において「大入り」を記録したことは、福地のこの筋立てが観客にも受け入れられ、共感を呼んだものと考えてよいであろう。

四　おわりに――明治前期の「春日局」と「佐倉惣五郎」

こうして、江戸時代を代表する女性権力者・女性政治家としての春日局は、明治前期の日本では、公的・政治的空間ではなく劇場という庶民的文化空間に着地していた。そこで彼女は、公的・政治的・権力的性格を可能な限り薄められ、「良妻賢母」として再ジェンダー化されたのである。いうまでもなく、「良妻賢母」は国民国家日本が求めた女性像である[38]。

ところで、同じ頃、『春日局』以上に劇場空間で人気を博していたのが『花雲佐倉曙』であった。

主人公の佐倉惣五郎は、江戸時代の代表的な百姓一揆の首謀者であり、義民として最も名高い人物である[39]。惣五郎をはじめとする義民の顕彰活動が盛んになるのは、一八世紀後半、幕藩制の構造的矛盾が激化した時期以降であった。佐倉惣五郎とその一揆は、幕末期に「東山桜荘子」として初演され、大ヒットしたが、この時期にも再び『花雲佐倉曙』など種々の題目で上演され脚光を浴びていたのである。自由民権運動に奔走した男たちは、彼ら江戸時代の百姓一揆の首謀者を民権運動の先駆者として登場させ、政治の世界に連れ込むことに成功した。以下は、一八八三（明治一六）年から翌年にかけて出版された小室信介の『東洋民権百家伝[40]』からの引用である。

彼の西の国の民権家てふもの、死して後、大なる記念標、またはうつくしき銅像なんど建られて、称えまつらるゝ様のありさまにくらぶれば、ひさかたの天とあらかねの地との隔たりにも似たるべし。されば我邦の民権家てふものは、西の国のものに比ぶれば、いとも〳〵なしがたくたやすからぬものにて、やつがれもいとゞに萬のものに立まさりて、褒め称ゆるものにぞある。やつがれ幼き時、佐倉宗五郎の演劇を見たりけるに、その事跡のあはれにいたましくて、ほと〳〵身の毛の弥だち、涙の自ら目にあふれて、いと堪がたき思ひありけり。…略…されば官に抗し理を守りて、民の為に身を擲ちたるもの、唯かの佐倉宗五郎一人のみかは。…略…去年より今年にかけて国々を経めぐることのありけるにぞ、これこそやつがれが日頃の志を遂ぐる時なれと、よろこびて、通りすぎぬる国郡にて、かの民権家てふもの、湮没たるもの、ありやなしやとたづねこゝろみ、雨しげき寺の庭に苔むしたる石碑をたづね、風荒き家の軒端に蟲食みたる反故をあつめ、或は古老の口碑など聞書きして僅かに其の跡のおぼろげに知れつるものを、亜弗利加の濱邊に金剛石をさぐりあてし夷人のうれしみよろこべる心地して携えかへりつ。…略…かの民権家てふ人々の百あまりの数をぞ得たりける。

政治にかかわることが厳禁されていた江戸時代の百姓たち、その一揆の首謀者たちは、明治前期には劇場空間を皮切りに、民権家の始祖として政治主体として上昇し甦った。同じ空間で江戸の権力者であり政治家であった春日局は、夫に絶対服従する「貞女」ならびに「良妻賢母」としての役割を与えられて登場し、政治的には限りなく不可視化されていた。まさしくそれは、明治前期において現実に進行するジェンダーの再構築過程とみごとに合致していた[41]。

註

1　フランス革命は、その根本理念の表明である「人権宣言」の主語が男性に終始しており、正確にいえば「男性および男性市民の権利宣言」であった。安川悦子「J・S・ミルからC・P・ギルマンへ——近代フェミニズムの展開」（歴史学研究会編『講座世界史七・「近代」を人はどう考えてきたか』東京大学出版会、一九九六年）二一一—二二二頁、井上洋子他著『ジェンダーの西洋史』（法律文化社、一九九八年）四—八頁。

2　岸田（中島）俊子、景山（福田）英子らの女性活動家に焦点をあてた研究に加え、一九七〇年代後半から八〇年代にかけての地域女性史の掘りおこしとともにより幅広く研究が進められている。絲屋寿雄『女性解放の先駆者たち——中島俊子と福田英子』（清水書院、一九七五年）、外崎光広『植木枝盛と女たち』（ドメス出版、一九七六年）、江刺昭子「景山英子と大阪事件」（大阪事件研究会編著『大阪事件の研究』柏書房、一九八二年）等参照。

3　大木基子「自由民権運動と女性の表象——最盛期の土佐民権派新聞を手がかりに」（『高知市立自由民権記念館紀要』一〇号、二〇〇一年）二〇—二二頁。

4　大木基子「集会条例から集会及政社法へ——政治からの女性の排除」（『高知短期大学社会科学論集』八一号、二〇〇一年）。

5　色川大吉『自由民権』（岩波書店、一九八一年）、岡村繁雄『草莽の譜——五日市憲法とその周辺』（かたくら書店、一九八七年）。

6　『「五日市憲法草案の碑」建碑誌』（五日市町立五日市町郷土館、一九八〇年）五七頁。

7　同前、八〇頁。

8　近世農村における男たちのホモソーシャルな絆として、百姓身分の男たちのいわゆる「村落自治」をあげることができる。彼らは、近世農村の主導的（支配的）マスキュリニティの集団として社会的権力を行使していた。同時に副次的（従属的）マスキュリニティとして存在していたのが若者組であり、彼らも集団として社会的権力を帯びていた。これら集団的マスキュリニティは、村落共同体の公的・社会的領域からフェミニティを排除していた。このことが、自由民権期における農村社会のジェンダー秩序を歴史的に規定した。長野ひろ子「日本近世農村におけるマスキュリニティの構築とジェンダー――集団化・組織化と権力作用をめぐって」（桜井由幾・菅野則子・長野ひろ子編『ジェンダーで読み解く江戸時代』三省堂、二〇〇一年）参照。

9　永山武臣監修『歌舞伎座百年史・資料編』（松竹株式会社・株式会社歌舞伎座、一九九五年）。

10　松尾正人『廃藩置県の研究』（吉川弘文館、二〇〇一年）三八八頁。

11　飛鳥井雅道「明治天皇・「皇帝」と「天子」のあいだ」（西川長夫・松宮秀治編『幕末・明治期の国民国家形成と文化変容』新曜社、一九九五年）、若桑みどり『皇后の肖像』（筑摩書房、二〇〇一年）、早川紀代『近代天皇制国家とジェンダー』（青木書店、一九九八年）、佐々木克『江戸が東京になった日――明治二年の東京遷都』（講談社、二〇〇一年）等参照。

12　幕藩体制は位階制的権力構造をもっている。かかる意味では、大名家にも将軍家における「女権」のミニチュア型が存在するといえようが、ここでは一応捨象して考えている。長野ひろ子「幕藩制国家の政治構造と女性」（近世女性史研究会編『江戸時代の女性たち』吉川弘文館、一九九〇年）、柳谷慶子「仙台藩伊達家の「奥方」――七代重村の時代を中心に」（大口勇次郎編『女の社会史一七～二〇世紀――「家」とジェンダーを考える』、山川出版社、二〇〇一年）、高野信治「給人多久氏夫妻と知行地入部」（『西南地域史研究』一一輯、文献出版、一九九七年）等参照。

13　永原慶二他編『講座・前近代の天皇』二巻（青木書店、一九九三年）、久保貴子『近世の朝廷運営』（岩田書院、一九九八年）等参照。
14　高柳眞三・石井良助編『御触書寛保集成』四号（岩波書店、一九三四年）。
15　「御当家令条」巻二（石井良助編『近世法制史料叢書』二、創文社、一九五九年）。
16　佐々木克「天皇の私的空間――幕末の後宮生活から」（『歴史公論』六二号、一九八一年）。なお、一八六九（明治二）年一〇月に、女官の名称や官位相当等を改定し、「女房」と称するのを止め、また長橋局を廃している（『明治天皇紀』二、吉川弘文館、一九六九年、二一四頁）。
17　『明治天皇紀』二（吉川弘文館、一九六九年）五〇四頁。
18　長野ひろ子「幕藩制国家の政治構造と女性」（近世女性史研究会編『江戸時代の女性たち』吉川弘文館、一九九〇年）、大友一雄『日本近世国家の権威と儀礼』（吉川弘文館、一九九九年）等参照。
19　新訂増補『国史大系』（吉川弘文館、一九七六年）。
20　『徳川諸家系譜』第一（続群書類従完成会、一九七〇年）。
21　新訂『寛政重修諸家譜』十（続群書類従完成会、一九六五年）。
22　『古事類苑』人部・一（吉川弘文館、一九八〇年）二八二―三頁。
23　黒川眞道編『國史叢書・軍記類纂』（国史研究会、一九一六年）。
24　長野ひろ子「幕末維新期の奥女中」（『茨城県史研究』八六号、二〇〇二年）、同『日本近世ジェンダー論――「家」経営体・身分・国家』（吉川弘文館、二〇〇三年）第二部三章。
25　落合弘樹『秩禄処分――明治維新と武士のリストラ』（中央公論社、一九九九年）、園田英弘『西洋化の構造』（思文閣出版、一九九三年）、園田英弘・濱名篤・廣田照幸『士族の歴史社会学的研究』（名古屋大学出版会、一九九五年）。
26　註24に同じ。

27　日本において、一九二五（大正一四）年に実現した「普通選挙」制度は、「男子普通選挙」制度であって、女性は排除されていた。女性が選挙権を獲得し政治への参加を認められたのは第二次世界大戦後の一九四六年のことである。女性を排除しているにもかかわらず、それを「普通選挙」と名付けるところに近代社会の女性の地位が象徴的に示される。舘かおる「女性の参政権とジェンダー」（原ひろ子他編『ジェンダー』新世社、一九九四年）。

28　政治的・公的領域にかかわって、近代天皇制国家における皇后の地位をどのように理解するかについては、前掲若桑書が詳細に論じており、参照されたい。

29　註9に同じ。

30　『近代歌舞伎年表・大阪篇』二巻（八木書店、一九八七年）、『近代歌舞伎年表・京都篇』二巻（八木書店、一九九六年）。

31　千熊（正勝）、七之丞（正定）、内記（正利）である。

32　二代将軍秀忠の正室お江の方、崇源院。淀君の妹である。

33　モデルは、徳川家康の側室でお梶の局であろう。法名英勝院。

34　田中澄江氏は、娘時代に先代中村歌右衛門の演じた「春日局」を観た時「良妻賢母」を実感されたという。田中澄江「春日局」（円地文子監修『人物日本の女性史』五巻、集英社、一九七七年）。

35　武士身分は、一八七六（明治九）年の秩禄処分によって解体した。しかしながら、武士の解体は、武士的規範・行動様式としての武士道を解体させたわけではなかった。私見では、武士道は、日本近代国家において、ヨーロッパや他のアジア諸国の男性と日本男性を差異化し、優越化させるマスキュリニティの表象として再構築されていき、そのことは同時に、日本近代のフェミニティを規定することにもなったと考えている。長野ひろ子『日本近世ジェンダー論――「家」経営体・身分・国家』（吉川弘文館、二〇〇三年）第二部第三章を参照されたい。また、以下も参照されたい。内田雅克『大日本帝国の「少年」と「男性性」――少年少女雑誌に見る「ウィークネス・フォビア」』（明石書店、二〇一〇年）、サビーネ・フリューシュトゥック、アン・ウォルソール編著、長野ひろ子監訳、内田雅克・長野麻紀子・粟倉大輔訳『日本人の「男らしさ」――サムライからオタクまで「男性性」の変遷を追う』（明石書店、二〇一三年）。

36 福地の通称は源一郎、桜痴は号である。一八六一（文久元）年の頃、江戸吉原某楼の妓桜路という女性と深い仲になってこの号を用いはじめたという。柳田泉『福地桜痴』（吉川弘文館、一九六五年）。

37 服部幸雄『歌舞伎の構造――伝統演劇の創造精神』（中央公論社、一九七〇年）、講座『歌舞伎・文楽』三巻・歌舞伎の歴史Ⅱ（岩波書店、一九九七年）。

38 日本近代女性史や日本女子教育史において「良妻賢母」の研究は厖大な蓄積があるが、ここでは論及しない。

39 戦後の百姓一揆研究・民衆運動史研究のなかで、佐倉惣五郎らの義民研究は着実に発展・深化している。早いものでは、横山十四男『義民』（三省堂、一九七三年）などから最近では、岩田浩太郎編『民衆運動史・二』社会意識と世界像（青木書店、一九九九年）、新井勝紘編『民衆運動史・四』近代移行期の民衆像（同前、二〇〇〇年）などまで視野を広げつつ研究が重ねられている。

40 小室信介編・林基校訂『東洋民権百家伝』（岩波書店、一九五七年）。

41 明治前期の劇場空間に現れたもう一人の江戸の女性権力者が、大奥御年寄「絵島」であった。一八八一（明治一四）年、東京、大阪ともに『江戸紫徳川源氏』として初演されたのがそれである。彼女は、いうまでもなく一七一四（正徳四）年の絵島事件の張本人である。絵島が、明治前期の劇場空間においてどのように再ジェンダー化されたのか、次章で詳述する。

第四章

明治前期のジェンダー再構築と絵島

――江戸の女性権力者のゆくえ

はじめに

日本近代国家の成立にあたり、ジェンダーの再構築は最重要ともいうべき国家的課題の一つであったことが、近年のめざましいジェンダー・アプローチによって明らかになってきた[1]。大日本帝国憲法や皇室典範の制定過程における女帝排除と皇后役割をめぐる諸成果を引き合いに出すまでもなく、日本の学界においても「ジェンダーの主流化」は着実にはじまっている。

私は、前章において、「日本近代においてジェンダーの再構築がなされる時、過去（歴史）は、どのように再ジェンダー化されるのか、それが前者にどう関与するのか」を問い、春日局という人物を取り上げた。なぜなら、春日局は、知られているように、江戸時代初期に公的・政治的世界に身をおき強大な権力を行使した政治主体であるが、その彼女が、自由民権運動から大日本帝国憲法制定へと続く明治前半期に、劇場という民衆的空間に姿を現したことに興味を抱いたからである。分析の結果、彼女は、この劇場空間において、公的・政治的・権力的性格を可能な限り薄められ、夫に絶対服従する「貞女」ならびに「良妻賢母」として再ジェンダー化されていたことが明らかになった。他方、同じ空間において江戸期の一揆首謀者佐倉惣五郎は政治主体として華々しい活躍をみせていたことも指摘した。江戸時代に政治主体であることを禁ぜられていた被支配階級の男性が晴れて政治的世界にデビューし、政治に深く関与していた支配階級の女性がそこから排除されるという逆転の構図は、明治前半期という時代のジェンダーの再構築過程において成立し得たのである。

本章の課題は、前章に引き続き、江戸時代において公的・政治的領域に存在していた女性が、近代国民国家の成立によってどのように語られ記憶されることになっていくのか、そこに近代国家のいかなる「ジェンダーの政治」[2]が作用していたのかを解明することであり、ここでは、一七一四（正徳四）年のいわゆる絵島事件の主役絵島を取り上げてみたい。

絵島は、将軍家宣・家継時代に、大奥御年寄として権勢を振るい、一七一四年絵島事件の当事者として失脚した人物である。この絵島事件を扱った歌舞伎狂言『江戸紫徳川源氏』が、一八八一（明治一四）年、東京と大阪で初演された。すなわち、絵島も春日局と同じく、明治前半期に劇場という民衆的空間に突如として姿を現したことになる。となると、私が、過去の再ジェンダー化のモデルとして絵島を取り上げることに、首をかしげる向きがあるかもしれない。大奥女中が明治前期の劇場空間に着地したという同一状況を取り上げても、事例の羅列以上の意味はないという批判である。しかしながら、過去を再ジェンダー化しようとする側からみた時に、同じ大奥女中でありながら、両者には決定的な違いがあったと考えられる。それは、前者が政治的成功者であり、後者が失脚者として終わったということでもなければ、江戸時代の前期と中期という時期の違いでもない。再ジェンダー化する側のポイントは、おそらく、春日局が既婚者として妻であり母であったのに対し、絵島は大奥女中として生涯独身であったという点ではなかったろうか。

前章で分析したように、自由民権運動から大日本帝国憲法制定へと続く明治前半期に、劇場という民衆的空間に姿を現した春日局は、この空間において、公的・政治的・権力的性格を可能な限り薄められ、夫に絶対服従する「貞女」ならびに「良妻賢母」として再ジェンダー化されていたのである。これは、彼女が既婚者であったことが前提である。とすれば、未婚者の絵島が同じ空間とはいえ、同じように再ジェンダー化されるとは考えにくい。おそらく再ジェンダー化されるにしても、異なったあり方を示すのではないだろうか。筆者は、むしろその点に注目したいのである。さらに、両者を比べた場合、いずれが大奥女中として一般的であったかについても、考慮する必要がある。後述するが、江戸期にあって、大奥は、ホモソーシャルな男たちによって、隔離された空間での性的欲望の塊である未婚女性群として表象されていた。[3]とするならば、公的・政治的・権力的性格を可能な限り薄められ、夫に絶対服従する「貞女」ならびに「良妻賢母」として再ジェンダー化された春日局は、大奥女中としては例外的存在であったとみたほうがよい。したがって、未婚女性群としての大奥空間での実力者が、明治前期にどのように再ジェンダー化されるのかという課題には、むしろ絵島のほうがふさわしいと言えるのである。

一　絵島事件と江戸の言説

絵島事件は、幕政の中枢にかかわり、多くの罪人を生み出し、悲劇的な結末となり、江戸の庶民にも衝撃を与え、種々の俗説が巷間に流布されたという意味で、この事件の一〇数年前に起った赤穂事件と共通性・類似性が認められる。しかしながら、今日の歴史的評価あるいは歴史意識という面からみれば、両者には、天と地ほどの差がついてしまったと言えるのではないだろうか。後者の場合、赤穂浪士討ち入り三百年記念のイベントがメディアを賑わしたのは、近年のことであるし、ゆかりの地は観光資源として高い価値を保持していることになる。さらに、一七世紀後半から一八世紀前半にかけての幕政や武士道そして日本人論ともからんで、学問的成果も少なくない。[4]かくして赤穂事件は、日本社会、日本歴史にかかわるメジャーな物語に「大化け」し、関係者は大石内蔵助をはじめとしてヒーローとしての地位を確立している。

では、絵島事件はどうだろうか。意外にも観光資源として利用しているのは、信州高遠である。[5]一七一四年三月、幕府は、高遠藩主内藤駿河守に対し絵島永預けを命じた。三四歳で配流になった絵島は、六一歳で亡くなるまで二八年間をこの地で過ごしている。近年の町おこしに彼女も一役買っているのかもしれないが、メジャーな大石内蔵助に対して絵島のローカル性は否めない。高遠を有名にしているのは、むしろ城址公園のコヒガンザクラのほうであろう。毎年四月には大勢の観光客が訪れ、全国でも屈指の桜の名所になっている。

現在、絵島事件は、歴史のマイナーな物語として片隅に押しやられている。そのことを確認しつつ、まず、絵島事件を江戸幕府はどのように把握し位置づけていたのかについて『徳川実記』の記載に目を通すことからはじめよう。以下は、一七一四（正徳四）年二月二日の項である。[6]

後閤の女房絵島、宮路、ともに親戚の家にめしあづけられる。これは正月十二日東叡、三縁両山にまうづるとて、みちよりかたらひ合せ、おなじ女房等ともなひ、木挽町の劇場にまかり、薄暮に及びてかへりぬ。二人ともに年寄をもつとめながら、かうやうのふるまひせしをもて、きびしくとがめらるべけれど、寛宥せらるゝにより、かたくつゝしみあるべしとなり。おなじことにより、梅山、吉川等の女房七人禁錮せらる。

一七一四（正徳四）年、一月一二日、将軍家代参の帰途、木挽町で芝居見物をし帰城が遅くなった絵島、宮路ら主だった女中たちが親戚へ預けられるという処分がされたのである。しかし、この段階では、「きびしくとがめらるべけれど、寛宥せらる、により」という記述からわかるように、重大事件という印象は感じない。羽目を外した大奥女中たちへの軽いお叱りとでも言おうか。

しかし、ほぼ一か月後の三月五日に判決が下ると、事件の重大性が明白となる。[7]

この日女房絵島遠ちゃくせらる。これは後閤にておもたゞしき職つかふまつりながら、身の行ひたゞしからず、奥山喜内といえるが導もて遊楽にふけり、御使奉はり他にいづるつゐで、また暇休たまはりし折から、ゆかりもなき家に信宿し、そのしなをもえらばず、みだりに人をちかづけ、あるは劇場にあそび、俳優となれむつみ、あるは娼家によぎり、娼婦をむかへ、酒宴をひらきし事などしばしばなりき。それのみならずおなじ女房を、遊興にともなひしことも、そのつみ多しといへども、寛宥もて死一等を減じ、かくは処せられぬ。このことに座し兄小普請白井平右衛門勝昌は死刑に処し、弟新番豊島平八郎某は追放れ、留守居番平田伊右衛門某、その子彦四郎某、奥医奥山交竹院某、小普請方金井六右衛門某は、ともに遠流せられ、勘定西與一左衛門某は士籍をけづられ、徒士杉山平四郎は追放れ、水藩の士奥山喜内はそのつみをさだめられて藩に送られ、六右衛門某が子六助某は追はなたれ、平右衛門勝昌が長子伊織某、二子平七郎某は父の罪により、流刑に処せられしかど、としいたけなきをもて、十五歳まで親族のもとにあづけられ、小普請疋田十郎言実は豊島平八郎が子なれども、他家つぎしにより遠慮を命ぜらる。また呉服匠後藤縫殿助は門をとざゝしめられ、縫殿助が手代清助は遠流、次郎兵衛は追放、木挽街雑劇の座元長大夫、その俳優新五郎は共に流刑、竹之丞座の俳優半四郎は追放、商人善六は島に流さる。その他連及して、親戚にあづけらるゝ女房六十七人。

さらに、三月一二日の記載は次の通りである。[8]

このほど遠流に処せられし絵島、月光院殿こひたまふにより、内藤駿河守清枚にめしあづけられ、封地信濃国高遠に送るべしと仰下さる。

大奥女中たちの集団的羽目はずし行為が、絵島という一人の大奥女中に的が絞られ、集中砲火が浴びせられた。その結果、重大事件に発展し、絵島の関係者に累が及び多くの罪人を生み出したのである。絵島が将軍生母月光院付の御年寄という地位にあったことを考えれば、時の幕閣や幕政を揺るがしかねない政治性を帯びた事件であったことは容易に想像できる。しかしながら、結果としては絵島とその関係者・縁者のみが断罪されるにとどまった。絵島の主人である月光院や側用人の間部詮房などに直接波及した形跡はない。[9]

『徳川実記』の記述によれば、彼女の常日頃の行状が裁かれたことになる。そのなかに、「俳優となれむつみ」とある俳優が、山村座の生島新五郎である。『柳営日次記』[10]によれば、三月五日「評定所において申渡」として絵島たちへの罪状申渡しが行われた。絵島の行状を中心に一部を紹介しておこう。

大年寄　絵嶋

右絵嶋事段々御取立ニて重キ御奉公をも相勤、多く之女中の上ニ立置れ候身にて、内々にては其おこなひ正しからす、御使に出候折々又ハ宿下り候度々、人の貴賤をえらはすよからぬ者共にあひ近付、差たるゆかりもなき家に泊り明し、中にも狂言の座之ものともと年頃馴したしみその身の行ひ如斯なるのみにあらす、傍輩の女中をすゝめ道引遊ひあるき候事共、其罪重々に候といへとも、尚も御慈悲をもつて命をハたすけをかれなかく遠流におこなはれ候もの也。

また、絵島の兄小普請白井平右衛門は、「妹絵嶋事重き御奉公をも相勤候所、内々にをいてハ其行跡正しからさる共種々有之といへとも制し止めにハ及はす、或は傾城町に相伴ひ遊女共と参会せしめ、あるひは狂言座に相伴ひ役者共と参会せしめ」とあり、奥医師奥山交竹院は、「奥山喜内娘をもつて絵嶋養女に取計ひ、剰喜内事絵嶋を誘引し候て種々みたりかましき事有之といへ共制止候にも及はす」とある。

絵島の不行跡の対象とされた芝居関係者の申渡しを、その中心となった三人から引用しておこう。

木挽町　狂言座長太夫

長太夫事狂言芝居之座本をも仕候上は、座中の役者之事にをひてハ常々其差引をも可仕事に候。惣し而見物之客人桟敷茶屋等へ役者召呼候事有之候共、女中客にいたりてハ貴賎を撰はす一切に差出間敷事に候。しかるに正月十二日絵嶋等見物のために相集り候桟敷へ長太夫事も罷越、其上又自分之居宅にをひて絵嶋酒之相手之由にて役者共参会せしめ候次第其罪科重畳し候をもつて流罪に行しむるもの也。

長太夫抱役者　新五郎

新五郎事先年御城女中之事に付て世上にをひてその沙汰し候事有之旨にて候。然るに九年已来度々に及ひ絵嶋と参会せしめ候条々、其罪科重畳し候をもつて流罪に行しむるもの也。

狂言役者　清五郎

清五郎事奥山喜内引合有之よしにて絵嶋対面に及ひ、度々に至て狂言芝居茶屋等にをひて芝居之者とも召呼候て、絵嶋酒之相手に仕らせ就中正月十二日長太夫芝居におひて絵嶋を案内し、長太夫居宅へ相伴ひ芝居之者とも参会せしめ候条々、其罪科重畳し候をもつて永々遠流に行ハしむるもの也。

幕府日記というもっとも公的な言説を一部ではあるが示してみた。芝居茶屋・遊所での数々の乱行が罪に問われたということになる。新五郎との関係については「九年已来度々に及ひ絵嶋と参会せしめ」とあることから察せられるように、性的不行跡の言説が公的なレベルですでに存在していたことに注目しておきたい。

また、この事件の江戸庶民への直接的影響として、狂言座や芝居茶屋への幕府の規制強化ならびに山村座取潰しがあげられる。処罰と並行して、三月には「狂言芝居の桟敷、近年二階三階仕候、以前之通一階之外無用之事」とされ、「桟敷より内証道を拵、楽屋又ハ茶屋等に座敷をしつらひ遊興之義無用たるべく候、惣而狂言役者舞台にて狂言いたし申外、或は桟敷或は茶屋等へ呼申候共、一切指越申間敷候、尤自分宅にても遊興之客呼申間敷事」と厳しい制限がなされたのである。さらに、堺町中村座、葺屋町市村座、木挽町森田座とともに江戸大芝居四座の一つであった山村座の断絶は、江戸の人々にとってまさしく衝撃的事件であったろう。[11]

これ以降江戸時代を通じて絵島事件は、巷間多くの俗説を生み出していくことになった。すぐに戯作の題材などにもなり、新五郎が「せいろう」に入って大奥に忍び込むなどの脚色もされ、それがいつのまにか事実のごとく流布していくのである。[12] そのジャンルは多岐にわたるが、絵島事件の江戸期における言説の特徴を大つかみで捉えておくために、ここでは川柳を題材として検討しておきたい。

絵島事件を詠んだ川柳は、枚挙にいとまがないといっても過言ではない。これは、川柳作者にとって絵島事件が恰好の興味の対象であったことを意味している。では、いかなる意味で興味の対象であったのか、若干の例示をしてみよう。[13]

新五郎うはつく筈さ来てござり（柳二四）
饅頭に化けて来なよと文が来る（万句合（安永八年））
色男四角な智恵で奥へ呼び（柳一）
江の島へ隠れてまいる新五郎（柳一九）
蒸籠で深入りをする不届きさ（柳一七）
やつさずに濡事をする新五郎（柳二一）
肉饅頭を喰ったのが落度なり（柳一九）
濡事をほんにしたので島へゆき（柳七）
八丈を着て蒸籠へ乗ってゆき（柳二二）
旦那はせいろうお次ははりかた（末摘花四）

詳細な説明は省くが、いずれも絵島と新五郎との性的関係のあれこれに関する言説に終始していたことがわかる。両者は、片想いの関係ではなく相思相愛という風情ではあるが。最後の句は、大奥で過ごす絵島と新五郎に対比して部屋のお次女中は「はりかた」で性的欲望を済ますという意味である。

ところで、川柳は、一八世紀後半の江戸に生まれた文芸である。江戸川柳は、評者、連衆も含め、同性の社会的絆すなわち男性のホモソーシャルな連帯において語られるという特徴をもっていた。絵島に限らず、大奥女中は、彼らによってさまざまに語られていた。[14] 大奥女中に対する語りは意外に多い。以下にその一端を示してみる。

御局の女医者とはすまぬ事（柳五）
御守殿はかげまをえらいめにあわせ（柳一九）
御代参ころんで帰るせわしなさ（柳七）
ひょうぐ屋へ役者絵の来る長つぼね（柳九）
血の道もてんねき見る長局（柳一）
長局まづ重役が下になり（柳一三六）
小間物屋助の局に一本売り（柳五一）

大奥女中は、江戸城という権力中枢空間に奉公し、儀礼や人事を中心に政治的役割を少なからず果たしていた。ところが、川柳での大奥女中は、「長局」などと称され、性的存在としてこれでもかこれでもかと語られていたのが特徴である。未婚者集団での堕胎のための「女医者」、男娼のいる「かげま」茶屋での遊興、将軍や御台所の「御代参」のあとの芝居見物、大奥女中の性愛対象としての「役者」、いわゆる婦人病としての「血の道」、淫具としての張形などが、言説の中心であった。川柳の男たちの語りは、大奥女中を性的欲望の塊としてのみ表象していたことがわかる。視覚的表象としても、錦絵などで大奥女中のセクシュアリティはたびたび主題とされていた[15]。

このように考えた時に、絵島に関する川柳の言説と大奥女中一般への言説が、「御代参」「役者」等のキーワードの同一性を指摘するまでもなく、共通性・同質性を帯びていたことは明らかであろう。絵島事件は、それ自体としては特殊なものであったが、彼女へのホモソーシャルな男たちの言説が、徹底的に性的存在としての表象であったことは、大奥女中一般への言説の展開と重なっていたとみてよい。

しかしながら、幕府の大奥システムが厳存する限り、大奥女性の公的・政治的・権力的性格が消滅することがなかったこともまた然りである。したがって、徹底的にセクシュアリティにのみ終始するホモソーシャルな男たちの言説を、大奥女中の公的・政治的・権力的性格を否定したいという男たちの意識の発露とみることも可能であろう。江戸の男性文化は、それゆえに政治・権力主体としての女性の存在を、性的存在としてのみ表象していたのである。

二　『江戸紫徳川源氏』の上演と絵島

江戸の歌舞伎界においては、山村座の取り潰しというトラウマがあったせいであろうか、さまざまなジャンルで取り上げられた絵島事件が歌舞伎狂言ではじめて演じられたのは、江戸幕府の崩壊後一八八一（明治一四）年に至ってからである。大阪では、中の芝居において一八八一年九月七日から前狂言『江戸紫徳川源氏』続七幕として上演された[16]。次に大阪で上演されたのは、一八八九（明治二二）年一月から中劇場（中の芝居）においてである。この時も、前狂言『江戸紫徳川源氏』続七幕であった。この上演については、「中の芝居の前狂言徳川源氏二段目長廊下の場は、稍猥芸に近きを以て南警察署より差止められ、昨日より脚色を改めて出す事となりし」と二月六日付大阪朝日新聞が報じているのが興味深い[17]。

さて、ここで検討する『江戸紫徳川源氏』は、一八八八（明治二一）年七月の京都夷谷座上演台帳である[18]。京都では、同年一月に祇園座においてこの演目が上演されているが、それ以前に演じられた形跡はない[19]。夷谷座台帳の表紙裏には、「明治廿一年六月廿一日閲　下京警察署」とあり、この上演台帳がすでに官憲の検閲済みであったことがわかる。ちなみに、この年一一月一七日には、京都上下京警察署による演劇脚本の検閲が緩和されることになった[20]。

以下、「序」から「大尾」まで横帳七冊からなる上演台帳に目を通していくことにする。

序幕は、「山村座芝居の場」「橘屋座敷の場」「堺町大通の場」からなる。本丸奥付の侍西與一左衛門と薩摩藩士谷口新平の下部久六が酒の粗相で言い争いをしている[21]。本丸女中衆が二階座敷で酒肴を取り散らし、銚子が打ち返り、そのため下の階にいた谷口新平の紋服が汚されてしまったのである。この紋服は藩主から拝領のものである。芝居茶屋橘屋の女房およしがとりなし、山村座頭取長左衛門が侘びをいれるが、「刀の手前武士道が相立ぬ」と新平の怒りは収まらない。そこへ「騒々しい、何事じゃ」と言いながら、大奥御年寄絵島が登場してくる。呉服所後藤縫殿助手代治郎兵衛が、「お詫びのしるし」に新平に金子《きんす》を差出すが、「コリャけがらわし」と受け取らない。呉服所後藤手代がいるのは、いうまでもなく大奥への「呉服方ご用向き取り持ち」のためである。

西の上司で「すこしふけたる侍」が新平に話しかける。御公儀御徒目付岡本五郎右衛門である。事情を話し岡本は、「大藩の御家来とも存ぜず、不礼は重々此方の誤り」「是も女子のさがなき故何とぞ其義はおゆるし有りて」「さて失敬の段御用捨下されい」と非礼を詫び、新平も「そこ元のおわびを無下にもいたされまし」と了解する。岡本は、絵島へ向かって「もう芝居見物おやめに相成りまするね」とたしなめるが、絵島は「身分のおもひ役からハしんきなるでは有るわいなー」といっこうに反省の色もなく、多くの役者衆のなかで姿を見せない成田屋（市川団十郎）に不快感をみせながら「おもわずかんざしをおと」してしまう。「将軍様の御母堂三位の方[22]より拝領」のこのかんざしを拾い上げたのが、ほかならぬ生島新五郎というわけで、ここで両者が出会うのである。絵島は新五郎に「さかずきをとらす」だけではなく、遠慮する新五郎に返盃をさせている。

岡本の指図で、西が「御帰城の時間」であることを告げると、絵島は急にしゃくがさしこみはじめ、同時に橘屋のおよしにめくばせをし、西も察知する。およしは、新五郎に対し「下屋敷でお病気が収まるまでご介抱を申し上げて下さいまし」と言い、迷惑顔の新五郎を無理に「裏階段の上り口」へ導くのである。

続く返しの舞台には布団が敷かれてある。およしは、「もし江島様あなたもお帯をお解なられましてごゆるりとおはなしなされませ」という。ト書きによれば「およしは江島は箱せこを落とすこと、是に気づかず、およしは両人を屏風の内へ連れ行て」、障子をしめると、なかでは、「これ新五郎とやらもちっとこちらへよりゆいのふ」「へいお背中でもさすりまする」という濡場まがいの展開となる。

先に、絵島が廊下で落とした箱せこが、次の展開の鍵となっていく。すなわち、「廊下の正面より谷口新平着流しにて手水場をたずね、いせん落とせし箱せこを拾い上げ」「こりゃ平人の持べき品にあらず申せ最前出合の女中と」感づいてしまう。そこで障子を開けた新平らは、「しどけなき形」の絵島・新五郎両人を発見する。

舞台は再び返し幕となり、堺町大通の木戸口から出てきた新平、妹お雪、下部久六に奥目付須磨良之助が出会う場面となる。須磨良之助の弟良吉はお雪の婚約者である。新平は、「橘屋という芝居茶屋の店」で「男をひきいれみだらな振舞」をしている大奥女中について話し、「下世話に一つ穴のむじな」という理由でこの縁談の破談を宣告する。箱せこをみせられた良之助は、箱せこを借り、大奥女中たちの振舞を糺すことを約束し、新平も何とか「明日のお輿入れ」に同意する。

序の最後は、絵島が「こんどは必ず新五郎を呼び寄せておいてたも」と言い、かんざしを新五郎に与え、帰途につくところで幕。

第二幕は、「鶴舞城内御広敷の場」ならびに「同長廊下の場」である。絵島側近の大奥女中たちは、進物として届けられた塩瀬の蒸籠のなかに新五郎が入っていることを知っている。呉服所後藤の差し金であり、奥医師奥山交竹院もその一派である。そこに、上使の使いとして須磨良之助がやって来る。

「お人払いを」願い「夜陰に乗じて御内談」の中味は、箱せこ一件であった。箱せこを出して見せる須磨良之助に、驚いて「どこで」と問い返す絵島。良之助は「堺町劇場のとなり橋屋と申芝居茶屋の放れ座敷の奥の間」と答え「江島殿お役目御免をお願ひなされい」と進言する。絵島も素直に「お役御免」の書面を認め、良之助が穏便な処置を約して退出するが、そこへ絵島の兄白井平右衛門の登場で事態は一変する。

平右衛門は、絵島に「須磨は親切とみせておとしめる」のであり「女子とあなどりて」いるのだから、逆に良之助に箱せこの盗賊の罪をおわせようと謀る。躊躇する絵島に、「思う男があるのなら須磨をやっつけろ」と言い、蒸籠のなかから新五郎を引きずり出し、刀を抜く。仕方なく絵島は「男のためにはかへられまぬわいなあ」としぶしぶ承知をする。他方、平右衛門に「新五郎は婿もおなじ」と言われた新五郎は、「身の毛もよだち」「宿元へ帰してくれ」と懇願するが、「妹のお伽をせよ」と命じられる。「さあ新五郎わらわのところへ」という絵島に、新五郎は震えている様子である。

平右衛門が、奥山交竹院に、箱せこを良之助の詰め所手箱に入れることを頼み、同人に罪を着せることに成功したところで幕となる。

第三幕は、濡れ衣を着せられた「須磨良之助邸の場」となる。良之助の弟良吉と谷口新平妹お雪の婚礼が迫っている。そこへ、上使としてやってきた岡本五郎右衛門が、良之助に「登城差留、小普請入り」を命じる。言わずと知れた箱せこの件によってである。「たわけ者の兄を持った者に妹はやれない、破談だ」という新平は、泣いているお雪の手をひいて帰ろうとするが、「いったん嫁入して来たからハなんで屋敷へ帰らふぞ、たとへきらわれ死すれハとて夫トの家て死るか本望とふぞ」という台詞とともにお雪はひき返してくる。良吉は驚きながらも、「いよいよ賊の御咎メせめて御上使への申訳にハ兄に替りて切腹なし家の汚名をすすがん心持……実家へ立帰り兄新平殿へ右の訳をバかくかくとどふぞ伝へてくれられよ」と、お雪を実家へ帰るよう諭す。しかし、あくまで良吉とともに死ぬ覚悟のお雪をみて、「それ程までに操を立て」と夫婦で死の覚悟をする。

そこへ「両人共早まるまいぞ」と死に装束の兄良之助が登場する。良之助は、時節到来を待つことを告げ、一部始終を認めた書面を上使と谷口新平へ渡すよう二人に託すのである。逡巡する良吉に、良之助は「武士に似合ぬ不覚の振舞、遅刻をなさバ此兄がいよいよ武士の一分立ずとて書面を持参致せ」と迫り、お雪にも「お雪どの少しも早ふ其一通を谷口氏へ持参なしてお渡し申せ」とせかす。致し方なく二人が退いたところで、良之助は「最ごをとげん」とするが、そこへ妻のまきが「走り出て良之助より刀持手にすがり附き」押し留めようとする。身の潔白を立てるべきと言い張るおまきに、「今際の送立ト通聞てくりやれ」とこれまでの経緯を話す夫良之助。無実の罪の一部始終を聞かされてますます死を思い止まるように訴える妻。

再びそこへ、良吉の案内で上使岡本五郎右衛門が、さらにお雪とともに新平が駆けつけてくる。新平は、良之助にこれまでのことを侘び、箱せこの件を町奉行に直訴し恨みを晴らすことを約束する。良之助は、弟の介錯で切腹。

第四幕（三の奥）は、「竹橋御門御駕篭訴の場」である。谷口新平が、竹橋御門近くの夜泣きそばやの屋台で待ち受け、下城する町奉行坪内能登守に用意の願書を差し出し直訴をする、比較的短い場面である。

第五幕（四の口）は、「三宅島磯端の場」「同新五郎島住居の場」となり、これまでとはうって変わり物寂しい情景が広がっている。実は、この幕はすべて、大奥絵島の部屋で禁断の時間を過ごしている新五郎の夢のなかの出来事だったことが、次の幕（四の奥）で種明かしされる仕掛けになっている。すでに、島の娘おもよと夫婦になり男子（五郎吉）を儲けている新五郎（五郎介と名乗っている）のところへ、艱難辛苦の末、女房お政と娘のお新が新五郎に会いにはるばる島にやってくる。島内を必死に尋ね歩く母子、自らを新五郎と名乗れず苦悩する五郎介、それと察し嫉妬するおもよ、しかし次第に事の真相は明らかになって、それぞれ許しあい、理解しあったところで幕となる。

第六幕（四の奥）は、「三崎鼻船別の場」「江島部家夢の場」「御本丸錠口の場」である。最初は、前段の続きで、新五郎とおもよ・五郎吉母子、お政・お新母子の船別れの場面があらわれる。

新五郎は「江島どのに思われて道に背いた密通の科を犯した天の罰が此身計り妻子に迄めくりめくって此難義をすると思へば恐ろしい、今後悔の新五郎ゆるしてくれよ女房共」と後悔の涙を流す。「我子を抱きのひ上れど船の行衛もしら浪とへだつ屏風の蝶つがい、夢ハ破れて」という地唄にのって、返し幕で現れたのは、大奥絵島の局部屋である。ここで観客が、これまでの島での話が「夢」であったことがわかる仕掛けである。

金屏風を背にして絵島と新五郎が休んでいる。恐ろしい夢でも見ていたのかと問う絵島に、新五郎は夢の中味を話してきかせる。里心がつき帰りたいと願う新五郎に対し、帰さぬ絵島。そこに、表からの御用という声で絵島は急いでお錠口へ向かう。新五郎は、「公儀に重き掟を破り、江島どのと密会なし」、女中たちに捕えられる。

返し幕のあとは、お錠口の場面となり、岡本五郎右衛門らが絵島を召し捕る。絵島の兄白井平右衛門が駆けつけてくるが、同人もすぐお縄となってしまい、幕となる。

いよいよ第七幕（大尾）、「評定所吟味の場」である。裁く側の町奉行坪内能登守、岡本五郎右衛門らと、裁かれる絵島・新五郎ほか「見合いの者どもを一同に呼よせ」ての大団円である。絵島たちは、箱せこ、かんざしなどの行方を中心に詰問されるが、平右衛門をはじめ一同白を切り続ける。

しかし、谷口新平が、芝居茶屋での密会の件を、「もうかくしても隠しきれまひ、その時ひろいし箱せこハ、よふいならざる葵の御紋、さつする所酒興に乗じたわむれ事に性根を失ひ取おとせしと存ずるゆへ打すて置れぬ女中のみだら、急度成敗いたさんと」と証言し、良之助が箱せこ一件で切腹したことを知った新五郎が、「いかにもそれは無実の災難であります」と塩瀬の蒸籠のことなどこれまでの経緯をすべて白状し、万事休すとなる。平右衛門が最後の悪あがきをするものの一顧だにされず、絵島たちそれぞれに判決が言い渡され、幕が下りる。

以上が、一八八八（明治二一）年七月に京都夷谷座で上演された歌舞伎『江戸紫徳川源氏』のあらましである。この明治前期の劇場空間で発せられていた言説には、いかなる「ジェンダーの政治」が作用していたのだろうか、節を改めて述べていきたい。

三　明治前期の劇場空間における「ジェンダーの政治」

まず、歌舞伎狂言『江戸紫徳川源氏』のなかで、大奥御年寄絵島がいかなる人物として描かれていたのかを検討することからはじめよう。

この狂言全体を通して観客に刷り込まれるのは、性的存在それも性的不行跡・逸脱者としての絵島という表象である。そのことは、序幕においてすでにはっきりとあらわれる。帰城の時刻が迫ると、急にしゃくがさしこむふりをしたり、新五郎に対し「これ新五郎とやら、もちっとこちらへよりゆいのふ」と誘ったりなど、性的欲望をあらわにしているシーンが目立つ。対照的に新五郎は遠慮がちで受身の存在として終始する。第二幕では、新五郎は、「塩瀬の蒸籠」で「男子禁制」の大奥に入り込んでいる。江戸川柳でもよく引合に出される「せいろう」がここでも使われている。新五郎は、箱せこ一件を知ったとたん及び腰になり、恐怖心をあらわにし、良之助から箱せこの件を指摘された絵島は、いったんは素直に「お役御免」を決意するが、兄に説得されて翻意する。絵島は兄の白井平右衛門に対しては従順で逆らえない。

次に絵島が舞台に登場するのは、第六幕である。三・四・五幕と出番はない。そのことのもつ意味は後述するとして、第六幕での絵島と新五郎との関係はすっかり冷え切っている。破局を迎えているといってもよい。観客も新五郎もそのことを悟っているのだが、絵島だけは相変わらず二人の性的関係に執着を示している。第七幕のクライマックスでは、絵島は裁かれる側である。裁かれる側で精彩を放つのは兄平右衛門と新五郎の二人である。平右衛門は必死に悪あがきをし、新五郎は吟味のゆくえに決定的な自白をし、役どころとしては対照的であるのだが、この両者のあいだで絵島の存在は意外にかすんでみえる[23]。

この舞台において、サブ・ストーリー的意味をもつのが、薩摩藩士谷口新平と奥目付須磨良之助をめぐる一連の展開であろう。この両者を結びつけるのが、許婚の間柄である新平妹お雪と良之助弟良吉である。既述のあらすじからもわかるように、ここに登場する三人の男たちの拠るべき規範・行為は「武士道」にほかならない。大奥女中たちに拝領の紋服を汚された谷口新平は「武士道が相立たぬ」と怒り、金子《きんす》を差し出されると「けがらわし」と受け取りを拒否する。濡れ衣を着せられた須磨良之助は、潔く死に装束で切腹を遂げる。その前に、弟の良吉は、兄の替りに家の汚名を注ごうと死を決意する。いずれも「武士の一分」を立てるための行為である。

では、女性たちはその時どう行動したのだろうか。お雪は、「いったん嫁入して来たからハなんで屋敷へ帰らふぞ」とあくまで良吉とともに婚家で死ぬと言い張る。良吉もその様子をみて、「それ程までに操を立て」と夫婦で死の覚悟をする。儒教道徳を体現したような女性がお雪である。これに対し、良之助の妻おまきは、最後まで夫に死を思い留まらせようと訴えるが、結局叶わない。夫の身を案ずればこその行動であるが、女性の「弱さ・愚かさ」をここに表象したとも言えよう。

第五幕から第六幕冒頭までの三宅島でのシーンの設定の意味は何だろうか。実際に事件後、新五郎は、三宅島に配流となったが、ここでは夢のなかの出来事として舞台上では事件に先立って演じられる仕掛けになっている。それは「江島どのに思われて道に背いた密通の科を犯した天の罰が此身計り妻子に迄めぐりめぐって此難義をすると思へば恐ろしい、今後悔の新五郎ゆるしてくれよ女房共」という新五郎の台詞に明らかである。新五郎と絵島の所業がいかに夫婦・親子の情を引き裂き、人倫にもとる行為であったかが観客に理解されることになる。それにひきかえ、高遠に永預けになったその後の絵島については、舞台では最後まで不可視のままである。[24]

さてここで、前章で詳述したもう一人の大奥実力者春日局と、『江戸紫徳川源氏』の絵島を比較しておきたい。

まず、明治前期の劇場空間で、「良妻賢母」「貞女」としてあざやかな転換を遂げた春日局に対し、絵島は江戸期以来の性的存在としての表象が依然として続いていた。それは、江戸川柳での男性のホモソーシャルな連帯において語られる大奥女中のディスクールともみごとに一致する。いずれも、性的欲望の塊として表象させるのである。しかしながら、明治期のこの狂言においては、サブ・ストーリー的役割をもつ第三幕から第五幕が加わったことで、絵島の行為には反道徳的・反社会的という烙印が重ねられることになる。例示したように、江戸川柳では、二人は相思相愛の仲であり、新五郎は色男として脚光を浴びていた。明治期の劇場空間ではそれが一変し、新五郎は、権力者絵島に性的関係を迫られ、その因果応報として妻子を不幸に陥れ後悔の涙を流す夫として父として描かれている。そこに、お雪と良吉、良之助と妻おまきをめぐるストーリーが加わって、人倫を乱す絵島というイメージが観客に植えつけられるのだ。

歌舞伎狂言『春日局』において春日局は、公的・政治的・権力的性格を徹底的に薄められていたが、絵島はどうであったろうか。幕府政治のなかで、三代将軍家光の乳母として絶大な権力をもち、朝廷から従二位に叙せられた春日局に比べ、大奥御年寄とはいえその政治力がはるかに下回るのはやむを得ないであろう。ところが劇場空間ではそうではなかった。確かに絵島も、公的・政治的側面はほぼ不可視化されているが、権力的側面は維持されている。ただし、その権力の行使の仕方は、生島新五郎への性的誘惑、大奥出入呉服商後藤縫殿助との癒着、奥目付須磨良之助への濡れ衣など私利私欲のための権力行使であり、公的・政治的側面と乖離しているのが特徴である。ここで発せられているのは、女性権力者への否定的メッセージであるとみてよい。

これに対し、『春日局』での春日局の夫稲葉佐渡守正成の場合と同様、『江戸紫徳川源氏』においても、「男の一分」を立てる武士の生き方が全面的に肯定されていたことは注目したい。谷口新平、須磨良之助、弟良吉が至上の価値をおくのが、「武士道」「武士の一分」であったことは既述の通りである。したがって、新五郎が、絵島との密会を夫として父として後悔するシーンは、彼が、武士階級とは異なる出自であることから設定可能なディスクールであったと解釈できる。

こうして、春日局、絵島という江戸期の政治権力者は、明治前期の劇場空間に再ジェンダー化されて着地していた。公的・政治的性格が可能な限り不可視化されていた点は両者共通であったが、春日局が、「良妻賢母」「貞女」とされ、女性として最大級の価値を与えられたのに対し、絵島は、性的欲望に満ち人倫にもとる反道徳的逸脱者として印しづけられたのである。すでに、江戸の男性文化が、政治・権力主体としての大奥女中を、性的存在としての未婚者集団としてのみ表象し、そのことが実は、大奥女中の公的・政治的・権力的性格を否定したいというホモソーシャルな男たちの意識の発露であったことを述べたが、明治前期の劇場空間は、その男たちの願望を受け継いだのみならず、大奥御年寄絵島に対し、道徳的価値判断において逸脱者のレッテルを貼ることでさらに追い討ちをかけていた。この再ジェンダー化された春日局・絵島二人の表象は、一見相反するようにみえるが、実のところ、女性は、政治・権力主体である必要はなく貞淑な妻や母という客体として、私的領域に配されて生きるべしという日本近代国家のジェンダー秩序に合致するものであったことは明らかである[25]。同時にこの空間において、武士の規範・行為としての武士道には、依然として高い道徳的価値が付与されていたことも注視されるべきである。それは、明治期の指導的地位に昇った男性の場合に、武士的規範・素養が自らのアイデンティティ確立に決定的意味をもつという日本近代国家のジェンダー規範・行動様式と共鳴するものであった[26]。

おわりに

以上、本章では、日本近代においてジェンダーの再構築がなされる時、過去（歴史）はどのように再ジェンダー化されるのか、それが前者にどう関与するのかという問題意識のもとで、絵島という江戸期の女性権力者に焦点をあて、前章の春日局と比較しつつ、明治前期のジェンダーの再構築のありかたと深く関わっていたことを明らかにした。

ところで、作家の杉本苑子が、小説『絵島疑獄』を『サンデー毎日』に連載したのは、一九八一年から八三年にかけてである。杉本は、その執筆動機について「政治的な視点からこの事件を取り上げた小説はこれまで無かった。みな色模様ばかりなのが私には納得できず、『絵島疑獄』という作品を書いたのだが、調べていくうちに、事件の要因は背後にひそむ四つの対立にあることがわかった」[27]とされ、六代家宣正室天英院と六代家宣側室・七代家継生母月光院、幕閣の譜代と間部詮房・新井白石ら新参者、次期将軍をめぐる紀州徳川と尾張徳川、林家と新井白石の四つの対立を挙げている。

本章で取り上げた『江戸紫徳川源氏』も、概括すれば「色模様」の範疇に入ることになるであろう。ただし、杉本の「色模様」という総括に最もふさわしいのは、おそらく舟橋聖一の小説『絵島生島』[28]ではなかったろうか。一九五三年から東京新聞に一年余りにわたって連載されたこの小説は、当時悲恋物語として評判をよび、ほどなく歌舞伎の舞台でも上演された[29]。そこには、『江戸紫徳川源氏』には含まれていた絵島の女性権力者としての毒気はすでになく、「おさん茂兵衛」「お夏清十郎」などと同様に生島とペアを組まされた絵島は、悲劇のヒロインとして表象されていたのである。

舟橋の『絵島生島』ならびに「女流作家」杉本苑子の『絵島疑獄』を、それぞれの時期のジェンダー状況と関連させて意味づけることは、残念ながら本章の紙幅の外にある。

註

1　若桑みどり『皇后の肖像』（筑摩書房、二〇〇一年）、片野真佐子『皇后の近代』（講談社、二〇〇三年）、早川紀代『近代天皇制国家とジェンダー』（青木書店、一九九八年）、井桁碧編『「日本」国家と女』（青弓社、二〇〇〇年）、西川祐子『近代国家と家族モデル』（吉川弘文館、二〇〇〇年）、大木基子『自由民権運動と女性』（ドメス出版、二〇〇三年）、岩波講座『天皇と王権を考える・七・ジェンダーと差別』（岩波書店、二〇〇二年）、富坂キリスト教センター編『近代天皇制の形成とキリスト教』（新教出版社、一九九六年）、藤目ゆき『性の歴史学』（不二出版、一九九七年）、長志珠絵「天子のジェンダー――近代天皇像にみる〝男らしさ〟」（西川祐子・荻野美穂編『共同研究・男性論』人文書院、一九九九年）、関口すみ子「〈夫婦有別〉から〈夫婦相和シ〉へ――〈男は外を務め女は内を治む〉の行方」（『女性史学』一三号、二〇〇三年）等を参照されたい。

2　「ジェンダーの政治」に関し、一九七〇年ケイト・ミレットは『性の政治学』を刊行し、その後のジェンダー研究に大きな影響を与えた。ケイト・ミレット／藤枝澪子他訳『性の政治学』（ドメス出版、一九八五年）。

3　長野ひろ子「『誹風柳多留』のディスクール――ジェンダー・階級・身分」（黒田弘子・長野ひろ子編『エスニシティ・ジェンダーからみる日本の歴史』吉川弘文館、二〇〇二年）。

4　近年の一般読者をも対象とした歴史叢書・シリーズで、赤穂事件はほぼ例外なく叙述されている。竹内誠『大系日本の歴史・一〇・江戸と大坂』（小学館、一九八九年）、高埜利彦『日本の歴史・一三・元禄・享保の時代』（集英社、一九九二年）、吉田伸之『日本の歴史・一七・成熟する江戸』（講談社、二〇〇二年）、平井誠二「吉良上野介と赤穂事件」（高埜利彦編『日本の時代史・一五・元禄の社会と文化』吉川弘文館、二〇〇三年）。また、赤穂事件以後、これを素材とした人形浄瑠璃『仮名手本忠臣蔵』などによって広まった「忠臣蔵」イメージを、日本人の歴史意識や思想史的観点から本格的に論じているのが宮沢誠一氏の以下の著作である。宮沢誠一『赤穂浪士――紡ぎ出される「忠臣蔵」』（三省堂、一九九九年）、同『近代日本と「忠臣蔵」幻想』（青木書店、二〇〇一年）。

5 長野県伊那市の信州高遠美術館には、絵島が高遠で流刑生活を送った屋敷が「絵島囲み屋敷」として復元されている。

6 『新訂増補国史大系・四四・徳川実紀』七（吉川弘文館、一九三九年）三六六・三六七頁。「絵島」の表記につき、本文はすべて「絵島」に統一したが、引用史料は原文のまま表記している。

7 同前、三七一頁。

8 同前、三七二頁。

9 間部詮房の日記（『間部日記』、国立公文書館内閣文庫蔵）には、事件について二月二日のみ以下の記述がある。

一　月光院様女中今日御仕置被仰付之

御年寄	絵嶋	親類江御預堅相慎可罷在候
	宮崎	親類江御預相慎可罷在候
御中﨟頭	梅山	
表使	吉川	
御中	いよ	御扶持被放之奉公被遊御構
御三之間二人	よの	御暇被下奉公之義被遊御構
	きつ	
御使番二人	藤元	同断

木曽

去月十二日上野増上寺江参詣之節木挽 焼失 場江罷越、及暮罷帰不届ニ付、右之通被仰付之 焼失

但馬守以書付申渡之、其已後

月光院様御廣敷御留守居申渡之、委細御仕置之留帳江記之

10 『年録・正徳四年』（国立公文書館内閣文庫蔵）。

11 東京市役所編纂『東京市史稿・市街篇・第十八』二五九―二六二頁。

12 京都町奉行与力神澤貞幹は、「世説には芝居役者を櫃の類に入れ、忍び〳〵に御城へ呼たる等色々の説も又有れとも……」（「絵島罪断事略」『改定史籍集覧』一六、近藤出版部、一九二八年）と述べている。

13 川柳については、以下の史料に拠る。山澤英雄校訂『誹風柳多留』（岩波書店、一九九五年）、岡田甫校訂『誹風柳多留全集』（三省堂、一九八四年）、杉本長重・浜田義一郎校注『日本古典文学大系・五七・川柳狂歌集』（岩波書店、一九五八年）、吉田精一・浜田義一郎『古典日本文学全集・三三・川柳集狂歌集』（筑摩書房、一九六七年）、岡田甫『川柳末摘花詳釈』（有光書房、一九七七年）。なお、「柳」は、『誹風柳多留』の略である。

14 註3に同じ。

15 アン・ウォルソール／森本恭代訳「江戸文化における大奥」（お茶の水女子大学ジェンダー研究センター『ジェンダー研究』四、二〇〇一年）。

16 国立劇場近代歌舞伎年表編纂室編『近代歌舞伎年表』大阪篇・第一巻（八木書店、一九八六年）五〇八―五〇九頁、同第九巻（同、一九九五年）九九―一〇〇頁。

17 国立劇場近代歌舞伎年表編纂室編『近代歌舞伎年表』大阪篇・第二巻（八木書店、一九八七年）二九七―二九八頁。

18 日本大学蔵。本稿では、「序」より「大尾」までの横帳七冊を素材として扱ったが、ほかに衣装帳一冊と

道具帳一冊が所蔵されている。

19　国立劇場近代歌舞伎年表編纂室編『近代歌舞伎年表』京都篇・第二巻（八木書店、一九九六年）二〇八―二〇九頁。

20　同前、二五九頁。

21　『江島騒動記』（国立国会図書館蔵）や小柴研斎の『研斎雑録』（国立公文書館内閣文庫蔵）等には、谷口新平と絵島ら大奥女中との諍いがはっきり書かれてある。

22　七代将軍家継の生母月光院をさす。

23　『江戸紫徳川源氏』では、兄の白井平右衛門が悪役としてではあるが大いに活躍する。これは、舟橋聖一原作による昭和期の歌舞伎『絵島生島』と大きく異なる点であろう。

24　重松一義『絵島高遠流罪始末』（日本行刑史研究会、一九七六年）は、高遠での絵島の実像を、俗本風説を避け、史実を丹念に追いながら明らかにしている。

25　公的・政治的・権力的世界に生きる未婚の女性主体は、日本近代国家のジェンダー秩序では存在を否定された、それゆえ歴史的にも不可視化あるいは再ジェンダー化せざるを得なかった女性なのである。

26　武士身分は、一八七六（明治九）年の秩禄処分をもって最終的に解体した。しかし、武士の解体は、武士的規範・行動様式としてのいわゆる武士道を解体させたのではなかった。武士道は、日本近代国家において、欧米や他のアジア諸国の男性と日本人男性を差異化し優越化させるマスキュリニティの表象として再構築されていくのである。長野ひろ子『日本近世ジェンダー論――「家」経営体・身分・国家』（吉川弘文館、二〇〇三年）第二部第三章を参照されたい。

27　『杉本苑子全集』第一三巻（中央公論社、一九九七年）月報。

28　『昭和国民文学全集・二〇・舟橋聖一集』（筑摩書房、一九七三年）。

29　一九五四年三月二日歌舞伎座で初演されている。なお、これ以前に、長谷川時雨作長唄『江島生島』が一九一三年に、歌舞伎が一九三五年にそれぞれ初演されている。永山武臣監修『歌舞伎座百年史・資料篇』（松竹株式会社・株式会社歌舞伎座、一九九八年）。

第五章　まとめ

日本近代国家の成立にあたり、ジェンダーの再構築は最重要ともいうべき国家的課題の一つであった。本書においては、明治維新という一大変革期にジェンダーがどのように変化し、日本近代国家成立に向け再構築されていったのか、幕藩制国家の公的・政治的・権力的空間に存在した女性たちを主たる分析対象に据え、実証ならびに表象両面から重層的・構造的分析を行った。

第一章では、幕藩制国家の公的・政治的・権力的空間に奥女中として奉公していた女性たちが、明治維新の激動を経ていかなる変容を遂げていくのか、再構築のありようを追究した。その際、江戸時代にはまったく交差することのなかった下女を対置しつつ、近代以降の両者を追跡することでその階層的・空間的変貌ぶりを検証した。身分制を解体して成立した日本近代国家は、産業化・工業化の進行と職業編成の大変革をもたらすことになったが、それらはジェンダーの変容と不可分の関係において展開していた。

江戸時代の女中たちは、江戸城や大名屋敷という権力中枢空間に存在し、儀礼や人事などを中心に政治的役割を果していた。しかしながら、川柳での女中、とりわけ江戸城大奥に奉公する女中に対しては、性的存在としてこれでもかこれでもかと語られ、ホモソーシャルな男性の女性権力者へのミソジニー的視線がそこに集中していた。これに対し、江戸時代の下女は、概ね豪農経営や商家経営の住み込み奉公人であり、その出自は、主として農村の小自作層、小作層、都市の店借層など村や町のいずれも社会下層に属する女性たちであった。下女の場合、女中とは対照的に、川柳作者である御家人や町人たちが自由に出入りし、自分の目で見、経験することのできる空間で無防備に働いていた。川柳のなかで、下女を題材にとりあげたものはきわめて多く、多淫・無学無知・粗暴粗野等々容赦ない侮蔑的言葉が浴びせられていた。

異なった空間、異なった階級・階層として江戸時代に存在した女中と下女は、明治維新の激動のなかで急速に接近することになった。まず、維新変革は、将軍家や大名家の女中たちの公的・政治的性格を急速に剥ぎ取り、公的・政治的・権力的空間から退場させた。それゆえ、維新後の私的空間での「只の婦女」としての奉公は、女中たちの地位を急降下させることになった。女中たちが自らのステイタスの急落に対抗するには、退職する以外の道はほぼありえなかったであろう。この結果、異なった空間、異なった階級・階層として江戸時代に存在した女中と下女は、明治維新の激動のなかで急速に接近することになり、明治期の女中は、下女・下婢の位置にまで低落し、やがて大正期には「下女の代替名称化」へとドラスティックな変貌を遂げていくことになった。

第二章では、江戸幕府における「表」と「奥」の分離が、幕府財政システムならびに幕府財政にどのように具現していたのか、奥向き支出の変遷を辿り、幕府の財政システムにおける「表」との質的相違と「奥」の特殊性を明らかにした。そのうえで、松平定信の寛政改革と幕末期の奥向き支出の比較分析を行うことにより、それぞれの財政支出が、幕藩制国家のジェンダー的特質とどのようにかかわり、どう意味づけられるのかを考察した。まず、松平定信の寛政改革は、幕政史上、大奥に対し最も支出削減が断行された時期であったことを検証した。それに関し「公が幕府の内部に倹約を励行して能くその目的を達せられたるは、主として大奥即ち後房の権勢を抑圧して、殆ど政治に一指を染めざらしめたるに因れり」という事由が指摘されている。

その後文政期以降奥向き支出が大幅に増大してゆくが、その最大の要因が幕府の婚姻政策であった。幕府の婚姻政策については、幕府がこれを「御方々様御繁栄」として位置づけているところに特徴が見られた。幕府にとって、婚姻政策により幕藩関係を維持し政治的安定を生み出すという意味において「御方々様御繁栄」は決して否定されるべきものではなかったのである。その最大のものが、幕末の和宮降嫁であったことはいうまでもない。幕府が、和宮下向に際し惜しげもなく多額の支出を行ったのは、その政治的重要性を十分認識していたからにほかならない。

幕藩制国家において、将軍家、大名家は公的「家」としての性格を有し、そこにおける相続、婚姻、出産、喪葬、法事、叙位などは、公的儀礼として執り行われ、幕藩権力の再生産に不可欠の要素として取り込まれた。それゆえ、この公的儀礼は、広い意味で政治的性格を帯び、将軍家、大名家に奉公する女性は、江戸城大奥や各大名家の奥においてこの公的儀礼に深くかかわっていた。のみならず、将軍嗣子の決定や婚姻先の選定、あるいは幕閣人事などにおいても、大奥が関与していた事例は少なくない。かかる意味合いにおいて、幕末の大奥へは、幕藩制国家システムに十分適合的な財政支出がなされていたことになるのであり、決してその逆ではない。幕藩制国家は、その構造的特質ゆえに「後房の権勢を抑圧して、殆ど政治に一指を染めざらしめ」る政策を完璧に貫き通すことはできなかったのである。

第三章・第四章では、近代国民国家においてジェンダーの再構築がなされる時、過去はどのように再ジェンダー化されるのかという問題意識のもとで、春日局ならびに絵島という江戸期の女性権力者に焦点をあて、劇場空間における表象分析を行った。第三章は、幕藩制成立期にあって、幕府大奥制度を固めるのに尽力し権勢をふるった春日局が、明治前期に歌舞伎座という演劇空間でどのように語られることになったのか、なおかつそのことが近代国民国家におけるジェンダーの再構築とどのように関連していたのかを論じたものである。第一章・第二章で述べたように、近世を通じて大奥の女中たちは、幕府権力の中枢に近く、政権維持に必要不可欠な儀礼的側面において重要な役割を果たしたのみならず、人事に関しても政治性を発揮していた。一八六八（慶応四）年、幕府の崩壊により、江戸城大奥の「女権」は消滅し、女中たちは、公的・政治的性格を剥ぎ取られ、私的空間へ放逐されていく。これに対し、武士身分を失った男性家臣の場合は、公的・政治的空間からの一時的退却にすぎず、近代国家においては属性ではなく能力という新たな基準にもとづいて、公的・政治的空間へ進出していくチャンスを得た。日本近代の公的・政治的領域でのジェンダーの再配置は、公的・政治的領域からの女性の排除という特質を帯びていたのである。

公的・政治的領域から女性が排除されていった明治前期に、江戸の女性権力者・女性政治家の春日局は、劇場という民衆的空間に出現した。そこでの春日局には、夫や子、そして主君に対しつねに献身的でありなおかつ謙虚であるというイメージが植え付けられる。夫や子のために尽くすべしというメッセージであるが、それは夫や子のためであれば国家に奉仕してもよいという考え方も含んでいた。そこでは、女性自らのために行為がなされることはなく、つねに他者のために献身的に尽くすのが女性の役割であることが繰り返し語られる。春日局は、明治前期の歌舞伎という民衆的空間において「良妻賢母」として再構築された。同時にここでは、妻の生殺与奪の権限は夫に握られているというメッセージも強調される。それは、公的・政治的空間で「得意絶頂」のその時に夫から「離縁」という私的な出来事が持ち込まれ、それまでのすべてが夫の考え一つで崩壊に追い込まれるというクライマックスシーンにはっきりと示される。ここに、いざとなれば、妻に対しどんな権力も発揮できる夫の姿があり、その意味で夫は妻に対する絶対者であった。夫の絶対的権力が、大きな政治的権力をもつ女性にまで適用され女性も素直に従っているところが、クライマックスシーンでのメッセージなのである。離婚を春日局の栄耀栄華の頂点に設定したことで、このメッセージは観客に対して最大の効果を発揮したことになる。同時にここでは、武士の規範・行為としての武士道に、依然として高い道徳的価値が付与されていた。武士身分が解体した明治前期の劇場空間において「男の一分」を立てる武士の生き方は間違いなく肯定されていた。「封建制度の子たる武士道の光はその母たる制度の死にし後にも生き残って、今尚我々の道徳の道を照らして居る」という新渡戸稲造の言葉を待つまでもなく、武士的エートスは、明治期において、とりわけ指導的地位に昇った男性を中心に現実世界においても命脈を保っていたのである。

こうして、江戸時代に権力中枢空間において政治主体として絶大な権勢を誇った春日局は、明治前期の民衆たちの前に、「貞女」として夫の権力に絶対服従し、「良妻賢母」の役割を素直に果たす献身的な女性として登場したのである。いうまでもなく、「良妻賢母」は国民国家日本が求めた女性像であり、まさしくそれは、明治前期において現実に進行するジェンダーの再構築過程とみごとに合致していた。

第四章では、前章に引き続き、江戸時代に公的・政治的権力空間に存在した女性である絵島を取り上げた。絵島も、春日局と同じように明治前半期に劇場空間に突如姿を現した人物である。ただ、春日局と絵島とは同じ大奥の実力者とはいえ、既婚か未婚かという決定的な違いがあった。春日局が既婚者として妻であり母であったのに対し、絵島は生涯独身であった。大奥の女性としては、後者が一般的であったことはいうまでもない。未婚女性群としての大奥空間での実力者が、明治期にどのように再ジェンダー化されるのかという課題には、絵島のほうが分析対象としてふさわしい人物であった。同時に両者を取り上げることにより、日本近代国家が妻となり母となった女性とそうでない女性との間にいかなる線引きや序列化を行っていたかを検証することができると考えたからである。

明治前期の劇場空間で、絵島は江戸期以来の性的存在としての表象が依然として続いていた。それは、江戸川柳での男性のホモソーシャルな連帯において語られる大奥女中のディスクールともみごとに一致する。いずれも、性的欲望の塊として表象させるのである。しかしながら、明治期の歌舞伎狂言になると絵島の行為には反道徳的・反社会的という烙印が重ねられることになった。さらに絵島の場合、公的・政治的側面は春日局と同じくほぼ不可視化されているが、権力的側面に限ると維持されている。ただし、その権力の行使の仕方は、私利私欲のための権力行使として公的・政治的側面と乖離しているのが特徴であり、ここで発せられたのは、女性権力者への明確な否定的メッセージであった。

こうして、春日局が、「良妻賢母」「貞女」とされ、女性として最大級の賛辞と価値を与えられたのに対し、絵島は、性的欲望に満ち人倫にもとる反道徳的逸脱者として印しづけられた。すでに、江戸の男性文化が、政治・権力主体としての大奥女中を、性的存在としての未婚者集団としてのみ表象し、そのことが実は、大奥女中の公的・政治的・権力的性格を否定したいというホモソーシャルな男たちの意識の発露であったことを考えれば、明治前期の劇場空間は、その男たちの願望を受け継いだのみならず、大奥御年寄絵島に対し、道徳的価値判断において逸脱者のレッテルを貼ることでさらに追い討ちをかけたのである。

この再ジェンダー化された春日局・絵島二人の表象は、一見相反するようにみえるが、実のところ、女性は、公的・政治的権力主体である必要はなく貞淑な妻や母として、私的領域に配されて生きるべしという日本近代国家のジェンダー秩序に合致するものであることは明らかであった。

あとがき

歴史を学ぶ者にとって、変革期の研究というのはなかなか魅力的である。一九六〇年代後半に吹き荒れた「学園紛争」の嵐のなかで、当時、日本史学専攻の学生であった私は、歴史における変革期の問題に否応なく対峙し惹きつけられていった。古代から中世、中世から近世、近世から近代という変革期・移行期の関係文献を読み漁りながら、四年生では近世から近代への移行に焦点を定め、近世後期の経済政策の変化について水戸藩を事例に拙い卒業論文を書いた。学部・大学院を通じてご指導いただいた今は亡き恩師・津田秀夫先生のゼミでは、昨今流行りの言葉にすれば「ディベート」に明け暮れる日々であった。そこで飽きることなく仲間たちと議論を繰り広げたのは、「幕藩制社会の経済構造はどのようにして動揺・変質し明治維新にいたるのか」という大テーマであった。二〇代から三〇代はじめにかけての私の学問的課題は、「明治維新にいたる幕藩制の経済的変動をどう解き明かすか」にほぼ尽きていたといってよい。一九八七年に漸く一書にまとめることができた『幕藩制国家の経済構造』(吉川弘文館)は、その苦闘の所産である。

一九七九年、ちょうど三〇歳の時に、現在も勤務している中央大学に職を得ることができた。女性史研究に出会ったのはそのころである。京都の脇田晴子先生がリーダーとなって推進された女性史研究の一大プロジェクトに入れていただき、東京では今は亡き林玲子先生を中心にした近世女性史研究会のメンバーたちと一緒に研究に励んだ。史料の大半を農村でのフィールドワークに依拠していた私が、武家文書にまで守備範囲を広げることになったのは、女性史研究の必要性からである。幕府や大名家文書に関しいつも的確かつ丁寧なアドバイスを下さった年来の友人・松尾美恵子氏（学習院女子大学名誉教授）に厚くお礼申し上げたい。その後私が、女性史のみならずジェンダー史研究にも取り組むことになったのは、九〇年代前半、英国での二年間の在外研究から帰国してからのことである。その辺の事情は、二〇〇三年に上梓した『日本近世ジェンダー論』（吉川弘文館）の「あとがき」に記している。

今世紀に入り、若いころ熱中していた明治維新という変革に、新たにジェンダーの視点からアプローチをすることになったのは、ある意味、偶然のなせる業である。今にして思えば、その発端となったのが、一九八九年一月から放映されたNHK大河ドラマ「春日局」であった。その三か月前に、宣伝もかねた『ビジュアル版春日局』（角川書店）が発刊されたが、作家の永井路子氏からご依頼を受けた私もそのなかに「大奥の女性家臣団」という一文を寄稿した。私はすでにこの時期、大奥制度や大奥女中一般についての研究はしていたものの、とりたてて春日局という一個人に注目していたわけではない。それでも、作家や歴史家など二〇数人の執筆陣で春日局の実像にできるだけ近づこうとしたこの本は、私にとって大いに学ぶところがあった。再び春日局に出会ったのはそれから一〇年ほどがすぎたある日、古書店の目録のなかに、『演劇脚本春日局』という書名を見つけた折である。さっそく購入し、傷みかけた本に目を通してみると、これが存外面白いのである。文字表象として分析すれば何か出てくるに違いないと直感したのはこの時であった。

絵島に関しては、春日局を分析するなかで、当然のことながら歌舞伎について文献を渉猟することになり、その過程で歌舞伎『江戸紫徳川源氏』の主役が絵島であることがわかった。『江戸紫徳川源氏』の京都夷谷座での上演台帳が日本大学に所蔵されており、これによって二人の大奥実力者の比較分析が可能になったわけである。貴重史料の閲覧をご快諾いただいた日本大学に謝意を表したい。

奥向き女中について幕府崩壊から明治前期までのドラスティックな変容を検証することができたのは、今世紀に入ったあたり、茨城県立歴史館の友人から「『茨城県史研究』に原稿を書いてほしい」との電話を頂戴したのがきっかけである。一九七四年に「水戸藩の農村構造」と題する拙稿を載せていただいて以来のことであり、同誌には無沙汰がすぎていることに気がつき、反省することしきりであった。この間しばらく「水戸藩」と離れていた私は、あれこれ思案したあげく、同館にある一橋家文書を読んでみることにした。いうまでもなく、江戸幕府第一五代将軍となった一橋慶喜は水戸藩主斉昭の息子であり、同誌への寄稿に全くの的外れということもないだろうと都合のいい解釈をしたのである。ところが、これがジェンダー分析にとって予想外の「掘り出し物」となり、同誌や本書の原著論文など数篇の論稿として発表することができたのは幸運というほかはない。茨城県立歴史館ならびにすでに同館を定年退職されている友人宮澤正純氏に感謝申し上げたい。

幕府財政システムに大奥がどのように組み込まれていたのかについて解明することの重要性は以前から認識していた。ただ、やや「他力本願」的なところがあったのも否めない。にもかかわらず、ジェンダー視点による追究を自身で試みようと考えたのは、二〇〇四年に刊行された飯島千秋氏（横浜商科大学教授）の大著『江戸幕府財政の研究』に拠るところが大である。幕府財政の研究は、関係史料の刊行・公開も伴いつつここ数十年幾人かの論者により着実に進展してきている。加えて、第三回「徳川賞」（徳川記念財団）を授与された飯島氏の労作には、徳川宗家文書にある幕府財政史料の一部が巻末に「史料編」として収録されていた。私は、これを既刊諸史料と突き合わせることにより、幕府財政上に占める大奥のジェンダー的特質が浮き上がってくるに違いないとの期待をもった。大学院以来の友人である飯島氏に深謝申し上げたい。

このようにみてくると、今世紀ゼロ年代後半には、本書の原著論文の大半が出揃っていたことになるが、他の仕事で多忙だったこともあり、一書にまとめるのが延び〳〵になってしまった。ただ、そのお蔭で、二〇一一年に発表した「日本のジェンダー史研究――米英との比較において」を本書に収録することができたのは怪我の功名と言えるかもしれない。日本のジェンダー史研究に携わってかれこれ四半世紀近くになり、この辺で、発信地である米国や英国との研究史的比較をする必要性を痛感していたからである。同論文を本書第一部第一章に据えたところに、著者である私の意のあるところを汲み取っていただければ幸いである。

本書の出版に際しては、株式会社明石書店に格別のご高配を賜った。出版事情の厳しい折柄、快く刊行をお引き受けいただいた石井昭男会長、大江道雅社長、神野斉編集部長はじめ関係の皆さまに厚くお礼申し上げる。とくに万般にわたり御世話いただいた寺澤正好氏に心より感謝申し上げたい。

二〇一六年四月五日

長野ひろ子

初出一覧

はじめに　新稿

第一部　日本のジェンダー史研究と本書の課題

第一章　日本のジェンダー史研究――米英との比較において

「日本のジェンダー史研究――米英との比較において」(『中央大学経済研究所年報』四二号、二〇一一年)を加筆修正。

第二章　本書の課題と方法

一　明治維新とジェンダー――研究史の概観

「転換期のジェンダー分析について――明治維新の場合」(『中央大学経済研究所年報』三六号、二〇〇五年)を再構成し、大幅に加筆修正。

二　本書の課題と方法　新稿

第二部　明治維新とジェンダー――再構築をめぐって

第一章　女中と明治維新――敗者復活戦から外された人々

「女中と明治維新――敗者復活戦から外された人々」(『経済学論纂』四六巻三・四合併号、二〇〇六年)を加筆修正。

第二章　江戸幕府の財政システムとジェンダー――寛政改革から幕末期までの奥向き支出

「江戸幕府の財政システムとジェンダー」（『中央大学経済研究所年報』三九号、二〇〇八年）を加筆修正。

第三章　明治前期におけるジェンダーの再構築と語り――江戸の女性権力者「春日局」をめぐって

「明治前期におけるジェンダーの再構築と語り――江戸の女性権力者「春日局」をめぐって」（氏家幹人・桜井由幾・谷本雅之・長野ひろ子編『日本近代国家の成立とジェンダー』柏書房、二〇〇三年）を一部修正。

第四章　明治前期のジェンダー再構築と「絵島」――江戸の女性権力者のゆくえ

「明治前期のジェンダー再構築と絵島――江戸の女性権力者のゆくえ」（歴史学研究会編『性と権力関係の歴史』青木書店、二〇〇四年）を一部修正。

第五章　まとめ　　新稿

あとがき　　新稿

や行

ら行

わ行

な行

は行

ま行

か行

さ行

た行

ま行

や行

ら行

わ行

〈人名〉

あ行

な行

は行

た行

さ行

索引

〈事項〉

あ行

か行

【著者紹介】

長野 ひろ子(ながの ひろこ)

中央大学経済学部教授。日本経済史、ジェンダー史。主な著作に『幕藩制国家の経済構造』(吉川弘文館、1987年)、『ジェンダーで読み解く江戸時代』(編著、三省堂、2001年)、『エスニシティ・ジェンダーからみる日本の歴史』(編著、吉川弘文館、2002年)、『日本近世ジェンダー論』(吉川弘文館、2003年)、『日本近代国家の成立とジェンダー』(編著、柏書房、2003年)、『ジェンダー史を学ぶ』(吉川弘文館、2006年)、『ジェンダー史叢書6　経済と消費社会』(編著、明石書店、2009年)、『歴史教育とジェンダー——教科書からサブカルチャーまで』(編著、青弓社、2011年)、『日本人の「男らしさ」——サムライからオタクまで「男性性」の変遷を追う』(監訳、明石書店、2013年)、『歴史を読み替える　ジェンダーから見た日本史』(編著、大月書店、2015年)などがある。

明治維新とジェンダー
——変革期のジェンダー再構築と女性たち

2016年6月20日　初版 第1刷発行

著　者　長　野　ひろ子
発行者　石　井　昭　男
発行所　株式会社 明石書店

〒101-0021 東京都千代田区外神田6-9-5
電話 03(5818)1171
FAX 03(5818)1174
振替　00100-7-24505
http://www.akashi.co.jp/

進　行　寺澤正好
組　版　デルタネットデザイン
装　丁　明石書店デザイン室
印　刷　株式会社文化カラー印刷
製　本　本間製本株式会社

(定価はカバーに表示してあります)　ISBN978-4-7503-4364-8

ヨーロッパ・ジェンダー文化論 女神信仰・社会風俗・結婚観の軌跡
浜本隆志、伊藤誠宏、柏木 治、森 貴史、溝井裕一 著 ◉2400円

ジェンダー・クオータ 世界の女性議員はなぜ増えたのか
三浦まり、衛藤幹子 編著 ◉4500円

OECDジェンダー白書 今こそ男女格差解消に向けた取り組みを！
OECD編著 濱田久美子 訳 ◉7200円

異なっていられる社会を 女性学／ジェンダー研究の視座
金井淑子 ◉2300円

弁護士のワークライフバランス
ジェンダー差から見たキャリア形成と家事・育児分担
中村真由美 編著 ◉3800円

女性弁護士の歩み 3人から3000人へ
日本弁護士連合会 両性の平等に関する委員会 編 ◉2600円

事例で学ぶ 司法におけるジェンダー・バイアス【改訂版】
第二東京弁護士会 両性の平等に関する委員会／司法におけるジェンダー問題諮問会議 編 ◉2800円

タイム・バインド（時間の板挟み状態）**働く母親のワークライフバランス**
仕事・家庭・子どもをめぐる真実
A・R・ホックシールド 著 坂口 緑、中野聡子、両角道代 訳 ◉2800円

産める国フランスの子育て事情 出生率はなぜ高いのか
牧 陽子 ◉1600円

フランスに学ぶ男女共同の子育てと少子化抑止政策
冨士谷あつ子、伊藤公雄 編著 ◉2800円

女性就業と生活空間 仕事・子育て・ライフコース
由井義通 編著 神谷浩夫、若林芳樹、中澤高志、矢野桂司、木下礼子、加茂浩靖、久木元美琴、久保倫子、タン・レンレン 著 ◉4600円

京都大学 男女共同参画への挑戦
京都大学女性研究者支援センター 編 ◉3000円

時代を拓く女性リーダー 行政・大学・企業・団体での人材育成支援
国立女性教育会館、有馬真喜子、原ひろ子 編 ◉2500円

国際比較：仕事と家族生活の両立 OECDベイビー＆ボス総合報告書
OECD編著 高木郁朗 監訳 熊倉瑞恵、関谷みのぶ、永由裕美 訳 ◉3800円

外国人専門職・技術職の雇用問題
職業キャリアの観点から 塚崎裕子 ◉5800円

セクシュアリティの多様性と排除
差別と排除の〔いま〕⑥ 好井裕明 編著 ◉2200円

〈価格は本体価格です〉